人與人有形的社會連結
明信片的黃金時代

1.

2.

3.

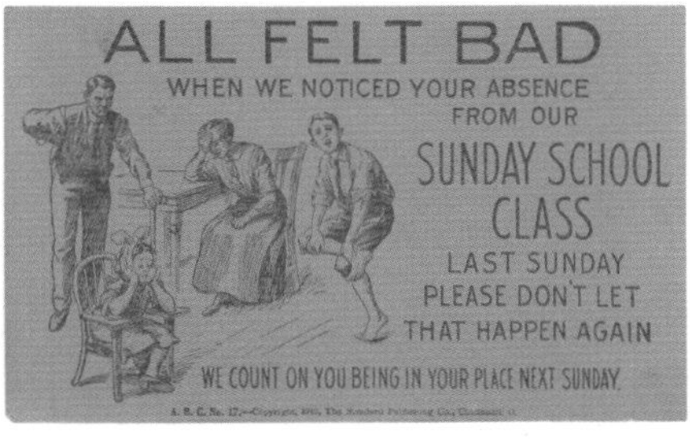

4.

1.「來自墨西哥蒙特雷（Monterey, Mex）的問候。」「來自……的問候」很快就變成世界各地明信片的主流設計。這張是未寄出的明信片，華德兄弟公司印製（Ward Bros）〔俄亥俄州（Ohio）哥倫布（Columbus）〕，約在1890年代。圖像來源：私人收藏

2.「來自南卡羅萊納州（South Carolina）的問候。」柯特．泰希公司（Curt Teich & Co）印製的典型美國明信片設計，約在1938年。圖像來源：Wikipedia commons, Newberry Library

3.來自德州奧斯汀（Austin, Texas）的明信片。從明信片的折損痕跡可以看出，它在過去一百年來被把玩無數次。在1915年寄給「羅伯特．博爾斯（Robert Boles）先生，加州巴克草甸（Buck Meadows, California）」。圖像來源：私人收藏

4.這是一張事先印好訊息的明信片，以迂迴的方式譴責沒去上主日學校的收件者。這種少量、預先印好訊息的明信片是很受歡迎的信件替代選項。在1914年於愛荷華州（Iowa）寄出。圖像來源：Wikipedia commons, Thmsfrst

1.

2.

1. 奧地利（Austria）的「Correspondenz-Karten（通訊卡）」是最早被正式歸類為一種函件和通信類型的明信片。這一張是在1870年10月22日寄出的，隔天送達。圖像來源：Wikipedia commons, Thmsfrst

2. 來自土耳其（Turkey）君士坦丁堡（Constantinople）和馬摩拉海（Sea of Marmora）的彩色明信片。有一種稱為「光致變色（photochrom）」的技術可讓印刷業者從黑白負片創造出彩色影像；負片會被直接轉印到平版印刷的板子上，進行大規模商業印刷。在1890～1900年間由底特律印刷公司（Detroit Publishing Co.）印製。圖像來源：Library of Congress, Prints and Photographs Division, Washington, DC

明信片促使郵政改革
第一個擴及全球的社交網絡

1.

2.

3.

1. 鄉村地區的郵差開著早期的電動車來到信箱前，約在1910年。圖像來源：National Postal Museum, Curatorial Photographic Collection, Smithsonian Institution, Washington, DC

2. 狄奧多爾・埃斯曼（Theodor Eismann）所印製的「來自紐約的問候」。這張明信片在1909年印製，也就是明信片幫助讓美國郵政脫離破產命運的那年。圖像來源：The New York Public Library

3. 斯洛維尼亞（Slovenia）采列市（Celje）的明信片。約1892年，印刷者不明。明信片上寫著「來自采列的問候」，並印有寧靜單純的城市景色。圖像來源：Wikipedia commons, Sporti

1.

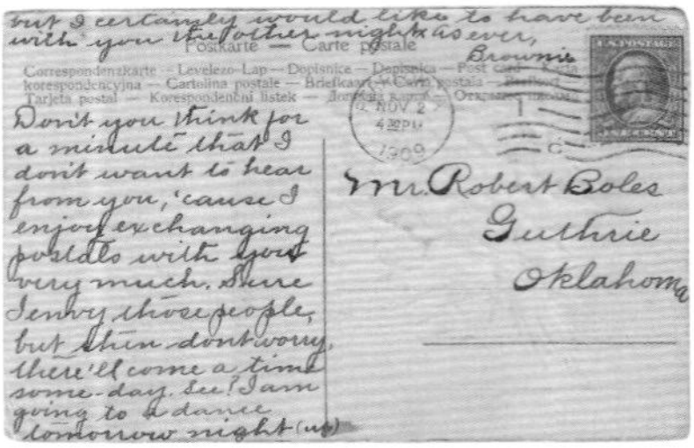

1. 羅伯特・博爾斯的妹妹瑪裘莉（Marjorie，小名「布朗尼」）寄給他的明信片正反面，訊息內容還寫到了明信片的正面。在1909年寄出。圖像來源：私人收藏

2.

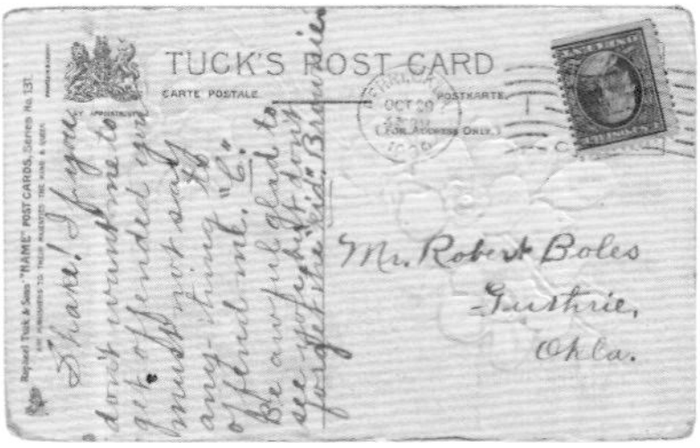

2. 另一張瑪裘莉寄給羅伯特的明信片正反面，花朵的圖樣為壓印浮雕。在1909年寄出。圖像來源：私人收藏

1.

2.

1. 埃德娜・B寄給羅伯特・博爾斯的明信片正反面，字體和邊框使用銅墨印製。在1909年寄出。圖像來源：私人收藏

2. 寄給羅伯特的芒特沙斯塔（Mount Shasta）明信片正反面。正面有著顆粒質感和壓印上去的照片，寄件者在文中抱怨書寫空間不夠。在191X年寄出。圖像來源：私人收藏。

從前：德國的通訊卡上面沒有印製風景照，純粹是用來進行簡短通訊。約在1892年，印刷者不明。 圖像來源：Wikipedia commons, Kürschner/norsemann_de

1.

2.

1. 位於南非開普敦（Cape Town）的桌山（Table Mountain）。這張明信片畫出開普敦具代表性的桌山和雲朵，把這個二十世紀初政治動盪不安的國家描繪得充滿田園風光。拉斐爾・塔克父子公司（Rapheal Tuck & Sons）印製，約1900–1910年。圖像來源：Wikipedia commons, Newberry Library

2. 鄰近墨西哥蒙特雷的瓦斯特卡（La Huasteca）地區，這地區「真實照片」的明信片正面。未寄出，約1910年。圖像來源：私人收藏

1.

1. 畫家尚・富凱（Jean Fouquet）在十五世紀完成的〈聖靈降臨〉（La Descente du Saint-Esprit，上帝的右手保護信徒不受惡魔侵擾）的翻攝。在中世紀和文藝復興時期，旅行和交換信件這兩件事連結了歐洲各大城市。圖像來源：The Metropolitan Museum of Art, New York

2.

3.

2. 美索不達米亞（Mesopotamia）的楔形文字泥板，約西元前2052年。圖像來源：Los Angeles County Museum of Art (LACMA)

3. 造型奇特的明信片幾十年來都相當受歡迎，任何想得到的材質幾乎都曾被做成明信片，包括皮革、木頭和植物壓拓。這張「銅製」明信片是由一張銅片包覆著傳統的印刷明信片所製成，背面的文字說明將這張明信片描述成「銅卡」，並以兩句話敘述人類使用銅的簡史。未寄出。圖像來源：私人收藏

明信片促進科技日新月異
分享生活也日益便利

1.

1.「明信片男子：我握有致勝卡片」，1932年。這張柯特・泰希明信片上的人物，是在這間公司任職很久的攝影師——來自新罕布夏州（New Hampshire）的B・P・艾金森（B. P. Atkinson）。圖像來源：Andrew Clayman, Made in Chicago Museum

3.

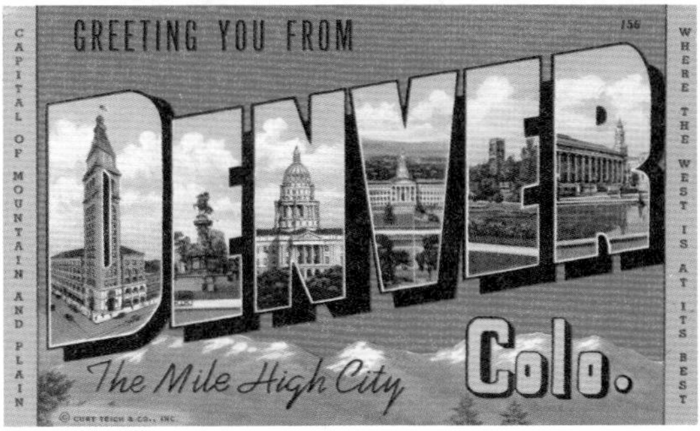

4.

2.

2.上圖是柯特・泰希公司工廠裡的膠版印刷機操作員，1910年。下圖是該公司的工廠員工在操作一排印刷機，約1910年代。圖像來源：Andrew Clayman, Made in Chicago Museum

3.「來自猶他（Utah）的問候」，柯特・泰希明信片，1937年。背面的文字說明寫著：「大自然出手闊綽，將十幾座國家公園和國家紀念區送給猶他州。」作者在2019年購買、寄出。圖像來源：私人收藏

4.「在科羅拉多州（Colo）的丹佛（Denver）問候您。一英里高的城市。」柯特・泰希明信片，1941年。

1.

2.

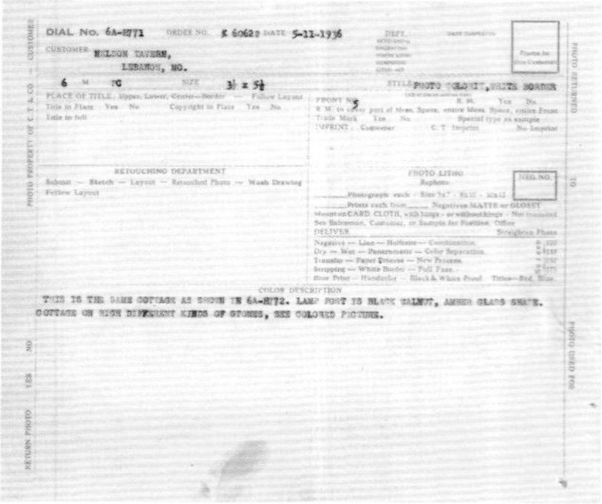

DIAL No. 6A-H771 ORDER NO. E 60622 DATE 5-11-1936

CUSTOMER NELSON TAVERN,
LEBANON, MO.

6 M TC SIZE 3½ x 5½ STYLE PHOTO GLOSSY, WHITE BORDER

PLACE OF TITLE: Upper, Lower, Center—Border — Follow Layout
Title in Plate Yes No Copyright in Plate Yes No

FRONT No. 5
Trade Mark Yes No Special type as sample
IMPRINT: Customer C. T. Imprint No Imprint

RETOUCHING DEPARTMENT
Submit — Sketch — Layout — Retouched Photo — Wash Drawing
Follow Layout

PHOTO LITHO
NEG. NO.
DELIVER Straighten Photo
Negative — Line — Halftone — Combination
Dry — Wet — Panoramatic — Color Separation
Transfer — Paper Process — New Process
Stripping — White Border — Full Face
Blue Print — Handcolor — Black & White Proof Titles—Red, Blue

COLOR DESCRIPTION
THIS IS THE SAME COTTAGE AS SHOWN IN 6A-H772. LAMP POST IS BLACK WALNUT, AMBER GLASS SHADE. COTTAGE ON HIGH DIFFERENT KINDS OF STONES, SEE COLORED PICTURE.

3.

1. 柯特・泰希公司明信片工廠圖像的明信片，約在1901～1908年間印製。圖像來源：Andrew Clayman, Made in Chicago Museum

2. 柯特・泰希公司所有的明信片都是從一張照片開始。最初的照片會由該公司的藝術家進行加工，創造出公司典型的明信片風格。明信片定稿後，就直接拿去印刷，印製每個刷次希望的印量。明信片最終版的製作檔案，1936年。圖像來源：Wikipedia commons, Newberry Library

3. 柯特・泰希公司會跟明信片委託人通信往來，這裡顯示的通信對象是位於密蘇里州黎巴嫩（Lebanon, Missouri）美國第66號公路上的一間旅館。明信片最終版的製作檔案，1936年。圖像來源：Wikipedia commons, Newberry Library

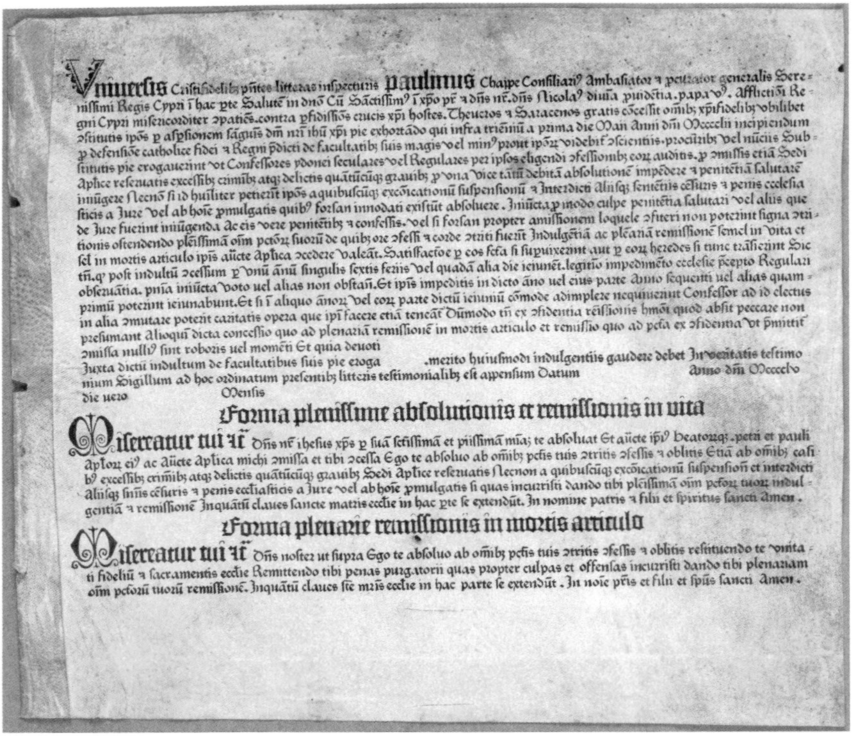

Universis Cristifidelibus presentes litteras inspecturis Paulinus Chappe Consiliarius ambasiator et procurator generalis Serenissimi Regis Cypri in hac parte Salutem in domino

Forma plenissime absolutionis et remissionis in vita

Misereatur tui etc.

Forma plenarie remissionis in mortis articulo

Misereatur tui etc.

1.

2.

1. 約翰尼斯・古騰堡（Johannes Gutenberg）在1455年印製的贖罪券，長22公分、寬16公分。這份印製的贖罪券在18～21行留有空白處，顯示印刷品需要參與感。圖像來源：Musée Condé, Chantilly

2. 約斯特・阿曼（Jost Amman）在1568年描繪的早期木製印刷機。這些機器每小時可印刷多達240次。圖像來源：Hans Sachs, *Eygentliche Beschreibung aller Stände auff Erden, hoher und niedriger, geistlicher und weltlicher, aller Künsten, Handwerken und Händeln* (Frankfurt, 1568)

1.

1.拉斐爾・塔克父子公司是二十世紀初極受歡迎的倫敦明信片製造商，這兩張都是該公司製作的「小油畫」明信片，他們說「稱得上是迷你油畫」。左圖描繪的是「蘭代爾布里塔恩（Blea Tarn, Langdale）的英國湖泊風光」，未寄出；上圖是「夏日的邱園」。1903 ～ 1959 年印製。圖像來源：The Newberry Library, Chicago, IL

2.

2.紐約市的美國海關大樓（Custom House）正面，柯特・泰希公司，1913年發行。圖像來源：The New York Public Library

3.

3.紐約市的曼哈頓大橋（Manhattan Bridge），柯特・泰希公司，1910年發行。圖像來源：The New York Public Library

真實照片明信片
價格低廉又具有絕佳的宣傳性

THE STORE OF BEACH PARK DRUG CO. 612 MIDLAND AVENUE, MIDLAND BEACH.
STATEN ISLAND, N. Y.

1.

1. 宣傳紐約史泰登島（Staten Island）柯達相機（以及其他商品）大特價的明信片，約1910年。圖像來源：The New York Public Library

2. 柯達3a號折疊式口袋相機在1903年刊登的廣告。圖像來源：Duke University Libraries Digital Collections, Durham, NC

3. 柯達在二十世紀初刊登的廣告，強調他們出品的相機十分容易攜帶。廣告取自1921年1月號的《玩攝影》（*Photoplay*），照片中有一對滑雪男女帶著一臺柯達折疊式相機。圖像來源：Wikipedia commons, from the Pulp Magazine archive

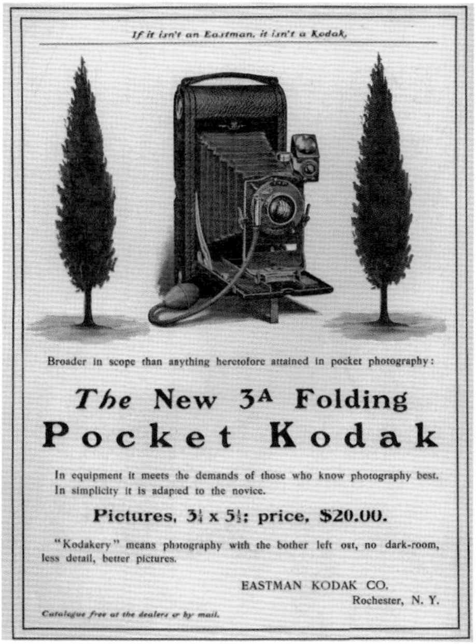
If it isn't an Eastman, it isn't a Kodak.
Broader in scope than anything heretofore attained in pocket photography:
The New 3A Folding
Pocket Kodak
In equipment it meets the demands of those who know photography best.
In simplicity it is adapted to the novice.
Pictures, 3¼ x 5½: price, $20.00.
"Kodakery" means photography with the bother left out, no dark-room, less detail, better pictures.
EASTMAN KODAK CO.
Rochester, N. Y.
Catalogue free at the dealers or by mail.

2.

Kodak as you go.
Eastman Kodak Co., Rochester, N. Y., The Kodak City

3.

1.

1.在英格蘭薩默塞特郡（Somerset）切達峽谷（Cheddar Gorge）的高夫洞（Gough's Cave）找到的史前人類（距今九千一百年，於西元前七一〇〇年）的真實照片明信片。這個史前人類於一九〇三年出土，現存放於倫敦的自然史博物館（The Natural History Museum）。這類真實照片明信片可協助宣傳科學新發現。查普曼父子（Chapman&Son）公司印製。圖像來源：The New York Public Library

2.傑利科（Jellicoe）元帥在斐濟（Fiji）的蘇瓦（Suva）登陸。哈利・加德納（Harry Gardiner）攝影，位於澳洲維多利亞州（Victoria）阿馬代爾（Armadale）的蘿絲立體照片公司（The Rose Stereographs）發行，1919年。背面印有「真實照片」字樣。圖像來源：The New York Public Library

2.

3.斐濟蘇瓦附近的拉密河（Lami）。背面文字：「真實照片明信片，英國製。斐濟蘇瓦，肯恩（Caine）系列，版權所有。」圖像來源：The New York Public Library

4.來自加州（California）夫利蒙（Fremont）軍營的真實照片明信片；作者的外曾祖父喬治・桑德伯格（George Sandberg，右邊數來第三位）和他隸屬的單位，1918年。這張明信片原本的尺寸經過剪裁，變成能放入相框的大小，已經不是作為通信媒體的形式保存。圖像來源：私人收藏

3.

4.

1.

2.

1.「邊境難民等待入境美國。」墨西哥革命的照片集錦，1914年。照片中的人物真實身分不明；印刷者不明，但跟華特・霍恩同時代。圖像來源：私人收藏

2.「薩帕塔（Emiliano Zapata Salazar，墨西哥的民族英雄，他所領導的墨西哥南方農民武裝團體是墨西哥革命的重要組成力量。）率領的叛軍摧毀橋樑。」墨西哥革命的照片集錦，1914年。照片中的人物真實身分不明；印刷者不明，但跟華特・霍恩同時代。圖像來源：私人收藏

3.

3.華雷斯城（Ciudad Juárez）的觀光明信片，印製時間跟墨西哥革命的真實照片明信片差不多。圖像來源：私人收藏

4.「比利亞（Villa）位於華雷斯附近的營地。」墨西哥革命的真實照片集錦，1914年。這類明信片就像今天的新聞攝影，營造出看似「真實」、實則經過小心建構的圖像，等著被寄到世界各地。照片中的人物真實身分不明；印刷者不明，但跟華特・霍恩同時代。圖像來源：私人收藏

4.

1.

2.

1. 這張明信片的照片顯示一群來自紐澤西州（New Jersey）文蘭（Vineland）的女性坐在寫有「女性投票」字樣的花車上，時間為1914年。真實照片明信片讓一個事件和購買或寄送該明信片的人產生了連結。照片中的人物真實身分不明。圖像來源：Library of Congress, Prints and Photographs Division, Washington, DC

2. 女性選舉權運動人士前往華盛頓的遊行隊伍，1913年印製。照片中的人物真實身分不明。圖像來源：Library of Congress, Prints and Photographs Division, Washington, DC

3. 艾米琳・佩希克・勞倫斯（Emmeline Pethick Lawrence）的明信片，上面有她的簽名，約1907年。圖像來源：Wikipedia commons, People's History Museum, Manchester旅遊

4. 艾米琳・潘克斯特（Emmeline Pankhurst）的真實照片明信片，約1907年。圖像來源：Wikipedia commons, People's History Museum, Manchester

3.

4.

旅遊一定要跟親朋好友分享
那就隨時寄明信片吧

1.

1. 從中國寄給羅伯特・博爾斯的明信片，1936年。這張描繪萬里長城的明信片，秀出中國極具代表性的歷史建築，觀光客很可能會想寄回家鄉。圖像來源：私人收藏

2. 華威城堡（Warwick Castle）明信片。這應該跟馬克・吐溫（Mark Twain）為了紀念自己去過這個地方而購買的明信片相似。拉斐爾・塔克父子公司，1903年。圖像來源：Wikipedia commons, Newberry Library

3. 寄給羅伯特・博爾斯的沙斯塔（Shasta）溫泉明信片。顆粒質感和壓印上去的照片，在1911年寄出。圖像來源：私人收藏

2.

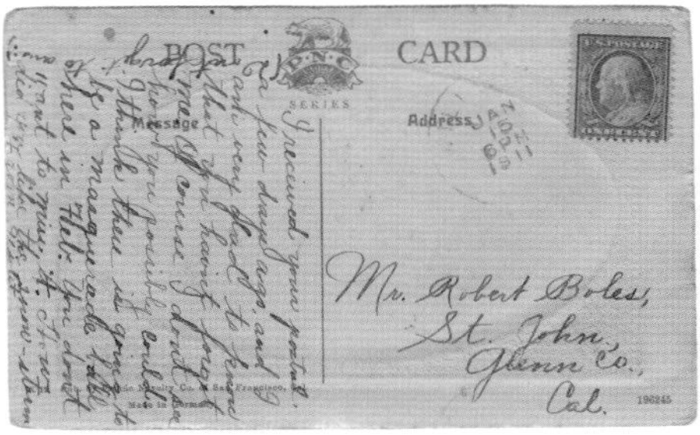

3.

1.

2.

3.

4.

5.

1. 在美國（雖然照片上的地方不是美國）寄給羅伯特・博爾斯的明信片，1910年。圖像來源：私人收藏

2. RMS喀爾巴阡號（Carpathia）的彩色明信片，約1912年。遠洋客輪的明信片通常被做為觀光宣傳之用。圖像來源：Wikipedia commons, Missouri Historical Society, St. Louis

3. 墨西哥蒙特雷的托波契科（Topo Chico）溫泉區，「紀念明信片」，在1907年寄出。圖像來源：私人收藏

4. 「SS滿州號（ss Manchuria）在馬尼拉灣（Manila Bay）」的明信片，明信片在1905年印製。滿州號是一艘1903年推出的貨客輪，負責太平洋郵務（Pacific Mail）汽輪的跨太平洋服務。圖像來源：The New York Public Library

5. RMS奧林匹克號（Olympic）的明信片，約1910～1915年，底特律印刷公司。奧林匹克號是白星航運公司（White Star Line）的主打船艦之一，鐵達尼號（Titanic）和不列顛號（Britannic）也隸屬於這家公司。圖像來源：Library of Congress, Prints and Photographs Division, Washington, DC

1.

2.

1.從法國布雷斯特（Brest）海軍基地的旋開橋上拍攝的彩色明信片，在1890～1905年印製。圖像來源：Library of Congress, Prints and Photographs Division, Washington, DC

2.位於愛爾蘭克萊爾郡（County Clare, Ireland）的莫赫懸崖（Cliffs of Moher）彩色明信片，同時也照到懸崖邊的圓桌和茶點。底特律印刷公司，約1890～1900年。圖像來源：Library of Congress, Prints and Photographs Division, Washington, DC

3.

4.

3.這張彩色明信片描繪了乘客下船的景象，地點為阿爾及利亞（Algeria）的阿爾及爾（Algiers），時間是1899年。圖像來源：Library of Congress, Prints and Photographs Division, Washington, DC

4.上海的商港，1901～1907年發行。圖像來源：The New York Public Library

1.

2.

3.

1. 開羅（Cairo）的吉薩（Giza）金字塔明信片，日期不明。圖像來源：The New York Public Library

2. 底比斯（Thebes）的代爾埃爾巴哈里（Deir el-Bahri）明信片，日期不明。圖像來源：The New York Public Library

3. 貝德克爾（Baedeker）柏林指南，1910年的版本。像貝德克爾系列這樣的指南，會提供觀光客各種規劃好的行程，告訴他們該如何旅行、該看些什麼。圖像來源：Wikipedia commons, Manfred Heyde, CC BY-SA 3.0

1.

1. 來自檳城〔Penang，位於馬來西亞（Malaysia）〕的S・M・馬尼卡姆（S. M. Manicum）公司出版的「羅闍度假屋」（Rajah Rest House）明信片，約在1910～1919年發行。圖像來源：The New York Public Library

2. 托波契科的瑪摩爾（Marmol）飯店明信片正面。未寄出，約1910年代。圖像來源：私人收藏

2.

3.

3. 墨西哥蒙特雷賭場，索諾拉（Sonora）新聞社印製，在1906年寄出。背面沒有書寫訊息的空間，只能寫下收件人和收件地址。圖像來源：私人收藏

1.

2.

3.

4.

1. 婦女織毯的畫面，地點為阿爾及利亞的阿爾及爾，時間是1899年。攝影師喜歡物化工藝、藝術和個人，把這些圖像印成明信片，吸引想把他們造訪的地方看作「他者」的觀光客。圖像來源：Library of Congress, Prints and Photographs Division, Washington, DC
2. 阿尼・喬基（Ani Chokyi）於1890年代在湯瑪斯・帕爾（Thomas Paar）的工作室拍攝的人像照。照片在1900年左右被製成彩色明信片，吸引大吉嶺（Darjeeling）的英國遊客購買。圖像來源：Wikipedia commons, collection of Clare Harris
3. 「西非（塞內加爾，Sénégal）達卡（Dakar）市政廳」，1920年。圖像來源：The New York Public Library
4. 廷巴克圖（Timbuktu）當代明信片的正面，可以看出在旅途中受到磨損的痕跡。2018年。圖像來源：私人收藏

死國的歷史痕跡
來自家鄉與個人的回憶

1.

2.

1. 俄羅斯革命前的聖誕祝福明信片。1917年以前，這類的節慶明信片在俄羅斯帝國（Russian Empire）極受歡迎。圖像來源：Wikipedia commons, Vladimir Lobachev

2. 英國屬地英埃蘇丹（Britain's Anglo-Egyptian Sudan，今天的蘇丹）的明信片。「德姆－祖拜爾（Nr. Dem-Zubeir）的比利（Birri）湖」。由卡土穆（Khartoum）英國藥局的G・N・摩希格（G. N. Morhig）出版，在1906年12月寄出。圖像來源：Bristol Archives

3. 拉脫維亞里加（Riga, Latvia，隸屬於俄羅斯帝國）的明信片，1873年。明信片底部的說明提到這是一封「明信」，郵資必須全額付清。這種早期的明信片樣式並沒有圖片。圖像來源：Wikipedia commons, Arno-nl

4. 從哥本哈根（Georgian Military Road）寄到利伏尼亞（Levonia）的維爾揚迪〔Fellin，當時隸屬於俄羅斯帝國，現在位於愛沙尼亞（Estonia）〕的明信片，在1905年寄出。這類明信片沒有照片圖像。圖像來源：Wikipedia commons, Sijtze Reurich, CC BY-SA 4.0

3.

4.

1.

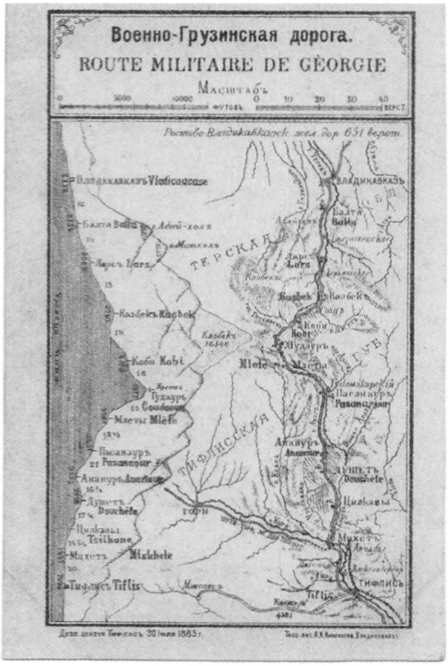

2.

1. 喬治亞軍用道路山隘的真實照片明信片，由莫斯科（Moscow）的舍雷爾和納布荷茲公司（Scherer, Nabholz & Co.）在1902年製造。圖像來源：Alison Rowley
2. 喬治亞軍用道路〔從今天的喬治亞穿越高加索（Caucasus）山脈前往俄羅斯的一條主要路線〕的地圖，旁邊標註了山巒的海拔高度。由弗拉季卡夫卡茲（Vladikavkaz）的A・N・尼古拉耶娃（Tipo-lit A.N. Nikolaeva）製造，設計在1883年通過審查。圖像來源：Alison Rowley

3.

4.

3. 一張標題寫著「道路與第一座橋樑，位於俄羅斯喬治亞（Groussie, Georgia）」的明信片。底特律印刷公司在1890～1900年間印製。圖像來源：Library of Congress, Prints and Photographs Division, Washington, DC
4. 「惡魔橋（Devil's Bridge）」，跟左圖的彩色明信片上呈現的橋樑是同一座。沒有列出製造商。圖像來源：Alison Rowley

1.

2.

3.

4.

1. 謝爾蓋・列維茨基（Sergei Levitsky）拍攝的沙皇尼古拉二世（Nicholas II）全家福，由內爾當兄弟（Neurdein Frères）製造。郵戳日期為1901年9月19日。圖像來源：Alison Rowley
2. G・畢苟提（G. Bigoty）繪製的插圖明信片，嘲笑尼古拉二世沒有男性子嗣。沒有列出製造商或日期。圖像來源：Alison Rowley
3. 貼有郵票的列寧（Vladimir Lenin）明信片，1924年。沒有列出製造商。圖像來源：Wikipedia commons, A. Sdobnikov
4. 喬治亞軍用道路上會看見的卡茲別克山（Kazbek）、格格蒂聖三一教堂（Gergeti Trinity）和喬治亞鄉村（Georgian），當時屬於俄羅斯帝國的一部分。底特律印刷公司，在1890～1900年間印製。圖像來源：Library of Congress, Prints and Photographs Division, Washington, DC

1.

2.

1. 特拉維夫（Tel-Aviv）的明信片；這座城市當時屬於「巴勒斯坦（Palestine）託管地」〔今天的以色列（Israel）〕，約1920年代。摩西・歐德曼（Moshe Ordmann）版本，No. 4 —特拉維夫—耶胡達哈列維街（Jehuda-Halevi）。圖像來源：Wikipedia commons, DarwIn

2. 韓國漢城（Seoul，今天的南韓首爾）的塔洞（Pagoda）公園。明信片約在1904年印製。圖像來源：Wikipedia commons, Cornell University Library, Ithaca, NY

3.

4.

3. 奧匈帝國黛布勒森（Debreczin，位於今天的匈牙利）的大森林公園（The Great Forest）在1890 ～ 1900年間印製。圖像來源：Library of Congress, Prints and Photographs Division, Washington, DC

4. 位於荷蘭的兩座風車，確切的地理位置不明。在1890 ～ 1900年間印製。圖片來源：Library of Congress, Prints and Photographs Division, Washington, DC

1.

2.

1. 來自撒馬爾罕（Samarkand）的明信片，約1912年。這座城市當時屬於俄羅斯帝國位於中亞的領土，現在位於烏茲別克（Uzbekistan），因此明信片上的文字是以俄文寫成，不是烏茲別克文。圖像來源：Wikipedia commons, Silent Otto

2. 來自烏茲別克撒馬爾罕的明信片。本書作者在2003年從撒馬爾罕寄了這張明信片給她的另一半。雖然跟上圖的撒馬爾罕明信片相距將近一百年，兩張明信片卻有著相似的美學。圖像來源：私人收藏

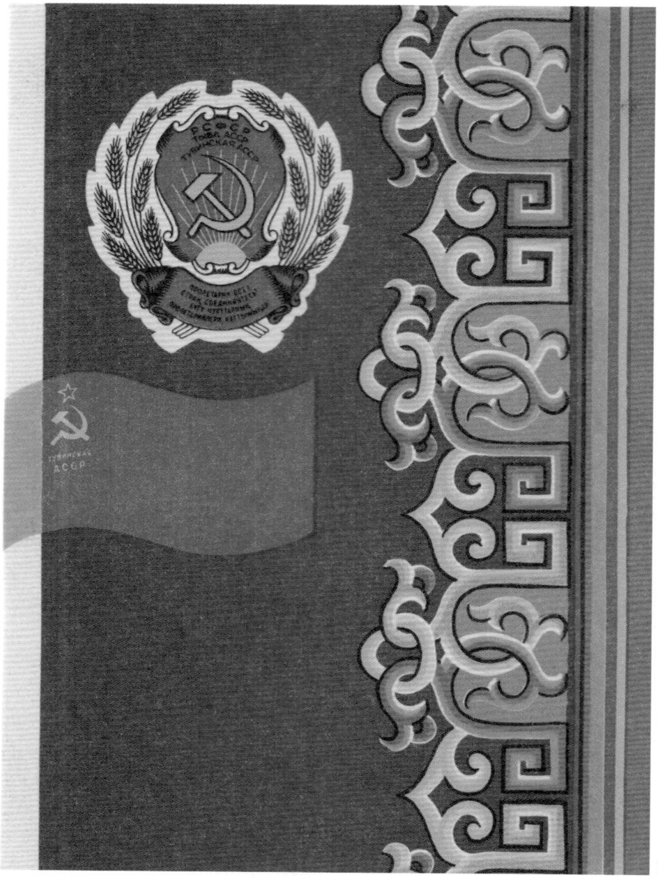

1.

2.

1. 來自蘇聯圖瓦（Tuva）的明信片，1967年。圖像來源：私人收藏

2. 紐約公共圖書館的明信片抽屜是以地點來分類，闡述了歷史地理學。圖像來源：作者拍攝

明信片除了用來通訊、宣傳，然後呢……

二十世紀初，明信片集冊是擺放、保存明信片的好用工具，極為受歡迎，如上圖的節慶明信片被歸成一類存放在集冊中。約1910～1920年。圖像來源：私人收藏

作者的外曾祖父喬治・桑德伯格在法國購買的一次世界大戰刺繡明信片，1917～1918年。明信片除了被當成便宜的通訊媒體之外，還有各種用途；這些明信片便是沒有寄出的紀念品。圖像來源：私人收藏

從展望點觀看尼加瓜瀑布。底特律印刷公司，1898～1931年。這個圖像系列的明信片被用在佐伊・倫納德（Zoe Leonard）2008年的裝置藝術〈你看，我終究在這裡〉。圖像來源：The New York Public Library

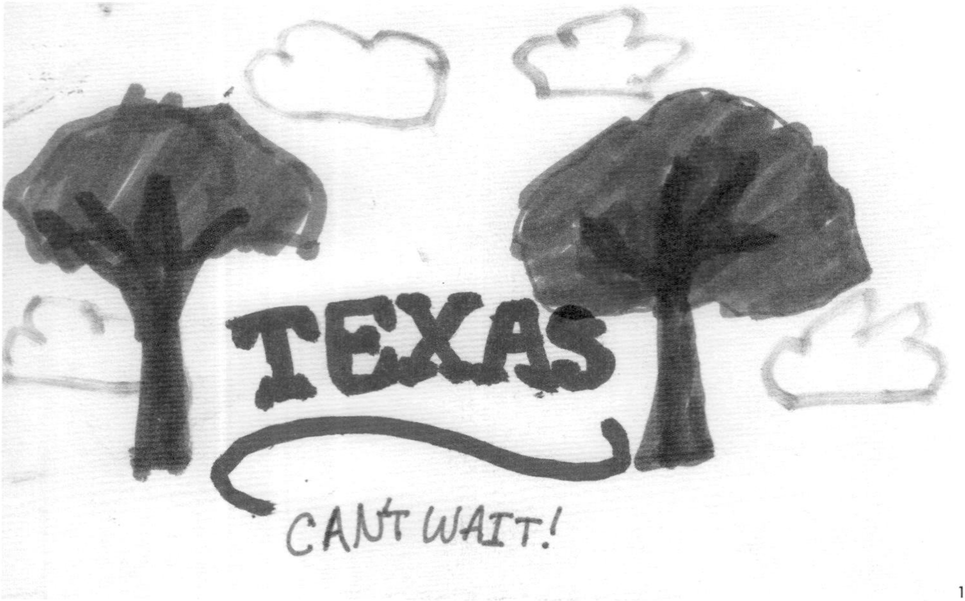

1.

2.

1. 作者11歲的外甥柯爾頓・布魯爾（Colten Brewer）設計、寄出的現代明信片，2019年。圖像來源：私人收藏

2. 雖然我們很容易就會說，明信片是已經絕種的媒體，但是它們仍然會以令人意想不到的方式出現在二十一世紀的今天。廣告維基百科的德文明信片，2016年。圖像來源：Wikipedia commons, Wikiolo, CC BY-SA 4.0

3. 美國的「爭取選票」明信片，2016年。圖像來源：私人收藏

3.

明信片串起的交流史

世界上第一個社群網絡的誕生與發展

The Rise and Fall of the World's First Social Network

Lydia Pyne
莉迪婭・派恩——著
羅亞琪——譯

Postcards

由於派恩的研究主題時效性極短，她大大脫離其歷史記述的範疇是很合理的。她不但深入過去，也探索現今的各個離奇角落，尋覓各種奇奇怪怪的細節……。整個研究過程替這本書增加不少趣味……。派恩的書丟了許多大問題，足以重新形塑你思考明信片和其他事物的方式。

——《華爾街日報》（*Wall Street Journal*）

派恩帶領讀者進行一趟全球之旅，走過革命、社會運動、科學與科技大發現，還有充滿感性的個人連結……。《明信片串起的交流史》做了很棒的深度分析，以激發想法的觀點讓讀者看見，今天數位社交網絡上的一切，幾乎都是從明信片的生產、書寫和寄送開始的。

——《那不勒斯生活雜誌》（*Naples Lifestyle*）

歷史學家派恩現在把焦點轉到了明信片的生產和收集上……。明信片製造成本不貴、訊息往往是快速寫成、郵資也只要一便士，感覺一開始就是被設定成讀過即丟的東西。但是，同一時間，如同派恩力圖展現的，明信片也能夠強化國家和地區身分、頌揚公民生活、描繪異國的奇人怪事、催促人們啟程旅行（「真希望你也在」）。

——榮恩・史萊（Ron Slate）／作家

派恩的《明信片串起的交流史》一書，技巧高超地講述了這小小一張函件是如何拯救美國郵政，成為今天以圖像為基礎的社群網站的根本。這本必讀著作是一部研究深入的通訊編年史，在喚起強烈懷舊感的同時，也替讀者建構了當下這一刻的歷史框架。

——傑森・法曼（Jason Farman）／馬里蘭大學（University of Maryland）副教授

《明信片串起的交流史》敘事節奏快，讀起來令人愉悅，含有滿滿的誠心和資訊，完美分析、說明了這個受人喜愛的媒體之整個歷史。派恩的研究範圍很廣，針對我們如何在不同的時空表現自己、如何在遠方仍跟親朋好友保持密切聯繫等層面，提出許多精彩有趣的見解。這是一本很棒、讓人很有收穫的讀物。

——珍妮佛・克羅夫特（Jennifer Croft）／作家

在這本圖片精美、文字輕鬆的著作中，派恩向我們介紹了推特、簡訊和迷因的祖先——明信片。派恩用這本書證實這一小張寫有簡練訊息的卡片，其實充滿郵務體系、印刷技術、日常事物描繪的歷史演變，同時也傳達了人類對有形連結的永恆渴望。

——香農・馬特恩（Shannon Mattern）／社會研究新學院（New School for Social Research）人類學教授

《明信片串起的交流史》不只是一部古雅的歷史書，還向一門失落的藝術致上敬意。派恩以非常具有說服力的方式將明信片當作一種特殊科技來觀看，而且還是具有革命、宣傳和感性功能的科技。本書充斥豐富的歷史圖像，搭配派恩詳盡地解說，描述了這項科技經過哪些演變。這本書不只柔軟感性，也充滿智慧。

——希拉・李明（Sheila Liming）／尚普蘭學院（Champlain College）副教授

目錄

一起滅亡。住在十九和二十世紀死國的人們，他們的生命可以透過明信片等物質文化進行追溯。來自死國的明信片除了展現殖民主義、帝國的建立和國家神話的創造，也講述了社會重組的複雜歷史。

結論 …… 217

明信片的來世

明信片常常是在完全無意的情況下被保存起來的，被塞在書裡、混入書信和照片中……，隨著時間過去，要探究明信片背後的意義和意圖是很費力的，因為其中蘊含的私人連結已遺失，但它們卻開始轉變成歷史文物。明信片的來生不只有保存和收集，在二十一世紀的今天，還能透過藝術、圖像學展現。

致謝 …… 237

註釋 …… 241

參考書目 …… 259

全書左側隨頁註均為譯者註，內文註釋編號則為原書註，統一置於書末。

導論

昔日的發明與今日的再發明

明信片幾乎是在十九世紀中葉一被發明出來，就受到無止境地歡迎，在一次世界大戰前夕達到商業高峰。明信片之所以成為如此歷久不衰的媒體，有很大一部分的原因在於它是人與人之間的有形物質連結。

明信片是一種非常個人的物品。曾經寄過或收過明信片的人，在寫下或讀到「看到這個讓我想起你！」、「真希望你也在！」、「等不及見到你！」、「這張照片是我們下榻的飯店，海灘的真實景象，真的跟明信片的一樣美！」等字句時，一定知道這點。明信片的內容總是簡短、貼心、直切重點，因為卡片上沒有什麼空間，寄件者只能草草寫下幾行字。

然而，明信片蘊含的不只背面那幾行字。明信片傳遞訊息的方式有千百種，包括上面印製的圖片、量產的機制，以及幫助明信片完成旅程的郵政網絡。寫在明信片上的文字雖然言簡意賅，它本身卻相當複雜，這是史上最早出現的全球社交網絡。明信片將人與地理連結起來，又反過來讓地理跟人產生連結。

歷史學家估計，在二十世紀的前二十年，全球流通的明信片數量約有兩千億張。明信片可以輕易量產，要歸功於發展了數百年的印刷技術；明信片能在世界各地順利寄發，則多虧了發展數千年的社會建設。[1]

明信片幾乎是在十九世紀中葉一被發明出來，就受到無止境地歡迎，在一次世界大戰前夕達到商業高峰。明信片之所以成為如此歷久不衰的媒體，有很大一部分的原因在於它是人與人之間的有形物質連結——「寄件者寫下這段訊息，再填上寄送地址，貼上郵票，然後把它寄給我。」其他任何形式大量印製的媒體，不會形成這種寄件者與收件者之間的實體連結。

歷史學家艾莉森・羅利（Alison Rowley）在跟我討論她針對俄國革命（Russian Revolution）期間的明信片所做的研究時，舉了一個歷史實例：「一九二〇和三〇年代的蘇聯（Soviet）囚犯在流放期間也收過明信片——囚犯可以收明信片，但是信件等其他書面溝通形式則遭到禁止。囚犯會撫摸明信片上的字跡，描出每一個字母，因為那是他跟寄件者之間的實體連結。」[2]

無論是跨大西洋（transatlantic）的女性選舉權運動，還是新興的中產階級觀光業，抑或是一九〇〇年代初期萌生的新聞攝影領域，以及今天寄發的明信片，明信片都在孕育人際關係，一次透過一張照片連結全球各地的人們。

明信片也跟說故事有關。雖然十九世紀初期到中期之間的明信片（當時稱為「郵遞卡片」、「私人郵卡」或「郵政卡片」）大多沒有圖像，但照片很快就變成人們心目中典型或

「正統」的明信片上不可或缺的一部分。即使撰寫了千言萬語，也敵不過一張照片，照片明信片上影像表達的訊息，肯定比擠在背面訊息欄的內容還多。明信片提供了一個簡單、立即的視覺故事。

這麼多年來，明信片上出現過哪些圖像？簡單來說，就是什麼都有。迷人古雅的風景是相當受歡迎的主題，著名或重要人士的正式肖像也是；建築、城市或工程傑作的影像，驗證了城市或國家計畫的價值意義；有些明信片印有諷刺漫畫、商業廣告和政治宣傳；有些明信片印有地圖和劃分明確的國界；有些印有簡單的墨水素描；明信片上可能有穿著清涼的女士等煽情照片，也可能有不怎麼煽情的全家福；曾經，甜美到令人難以忍受的嘟嘴Q比（Kewpie*）嬰兒圖超級受歡迎（一九一〇年代的美國明信片，我說的就是你們）；當然，還有以佳節問候為主題的明信片。總之，你說得出來，我就敢保證在明信片上曾經出現過。

---

* 譯註：美國插畫家蘿絲・歐內爾（Rose O'Neill）二十世紀初創作的漫畫人物，是個宛如邱比特的可愛嬰兒，後來做成娃娃，大受歡迎。

紐約公共圖書館（New York Public Library）圖像室的館員瑞蒙・可汗（Raymond Khan）向我介紹圖書館龐大的明信片收藏時說道：「明信片上有些圖像真的很……無趣。我看著那些圖像，總是忍不住想：『花盆？真的假的？在明信片上印花盆的圖像？』」他搖搖頭，接著說：「但是，當然也有正統的明信片。」[3]

雖然任何東西都有可能印在明信片上，但是有些圖像趨勢和模式特別會說故事，特別能引起買家、寄件者和收件者的共鳴。有的廣受歡迎的明信片類型成為二十世紀初新興國家創造國家敘事的方式，因為某些建築物或建築體（例如具代表性的橋樑）的圖像跟國家認同密不可分；反動分子可以透過明信片在官方管道之外獲得媒體版面；社會運動可以透過明信片得到民眾的擁戴。

有點違反直覺的是，人們對這些述說著不同故事的明信片看得愈多，明信片的圖像似乎就變得愈容易預測和雷同相似。然而，對在二十一世紀透過Instagram（簡稱ＩＧ）發布相當於數位明信片的我們來說，照片明信片的可預測性有什麼好意外的？畢竟，ＩＧ也有特定的美學「相似點」。《紐約客》（*New Yorker*）的文化評論家賈・托倫蒂諾（Jia Tolentino）表示：「Instagram……擁有自己的美學語言。從這樣的美學可看出人類令人熟悉的……追求整體一致的傾向……有些東西就是比較適合展示。」[4]

觀看的東西若擁有美學的可預測性，會給人一種安心感。人們吸收媒體圖像（無論是IG或明信片）的方式就像一個回饋迴路，受歡迎的事物會繼續受歡迎下去。因此，「有些東西就是比較適合展示」這樣的概念（也就是我們對特定類型的圖像，就是帶有特定的美學期待），其實蠻適合用來思考特定類型的照片明信片是如何流行和退出流行的，特別是在二十世紀初，全世界流通的明信片是以億為單位的。

明信片印製、販售、郵寄和接收的規模之大，讓它們成為有史以來人類交換過最大量的一種人造物品。

要鑽研明信片的歷史有很多種方式，但是任何一部明信片史都不可能完整。明信片雖然是一種大眾媒體，卻也是可隨手丟棄的一次性物品。這就表示，明信片的歷史紀錄必定會有缺漏，要將全世界的明信片完整歸檔是不可能的。

很多明信片史是以特定的圖像或地理主題（如「紐約市的歷史明信片」），或者印刷類型（如「美國節慶明信片」）來探索明信片。這些狹隘特定的研究方式通常只聚焦在特定製造商生產的明信片，如美國極具代表性的柯特・泰希公司（Curt Teich & Co）明信片或倫敦拉斐爾・塔克父子公司（Raphael Tuck & Sons）生產的平版印刷人像明信片。有些明信片史則聚焦在特定的明信片技術上，像是柯達的「真實照片」明信片。明信片有多少種類和風格，就有多少種談論明信片歷史的方法。

本書所要講述的是另一種明信片史。我沒有為了闡述文化或視覺史，而鎖定特定類別的明信片圖像，我選擇把焦點放在明信片的物質生活上，將它作為有形、社會和個人的物件看待。本書講的是明信片的生命週期和網絡，其中包含印刷文化、觀光、政治宣傳、科技等主題，也會談到所有跟明信片有關的人造物品的來世。

我認為，要瞭解明信片，我們必須思考從楔形文字（Cuneiform）泥板到印刷贖罪券（Indulgences）的一切，要探討郵政系統、攝影、政治宣傳和歷史地理學。觀看一張明信片時，我們其實是在看過去數千年來人們針對溝通、科技以及如何將訊息與媒體互相搭配所做出的決定的總和。這些全都是打造明信片這個媒體的工具。

我希望，這個範圍廣大的研究途徑可以提供不一樣的方式，釐清全球網絡是如何建立的，而發展維護這些網絡所仰賴的科技和社會基礎又是什麼。我收錄了經典明信片和知名明信片製造商的故事，還有研究和寫作期間遇見的個別明信片的趣事。我相信，這些真實故事可以襯托過去一百五十年存在過的無數明信片、寄件者和收件者。

在整個研究期間，我以第一手的經驗學到一件事，那就是明信片十分個人，而且一直以來都是這樣。剛開始寫這本書時，我沒料到自己會如此依賴家族成員收藏的明信片或是援引自己的明信片經驗。但是，完全令我意想不到的是，明信片自己選擇了這樣的方式，因為明信片要我們明白，全球社交網絡是透過個人的故事與連結建立起來的。我愈是深入研究明信片的故事，愈是在這些故事中找到我自己和我的家族。

例如，我的外曾祖父羅伯特．博爾斯（Robert Boles）有個鞋盒，裡面保存了數百張在一九〇五到一九二〇年間寄給他的明信片，這正好是歷史學家口中所說的「明信片的黃金時代」。他的女兒、也就是我的祖母，多年來一直留著這些東西，後來把它們交給我的母親，她一直對我父親那邊的家族史很感興趣。我開始為本書進行背景研究時，母親便將明信片盒傳給我，她認為這些家族紀念品可以把全球的明信片現象變得更有人性。她想得沒有錯。

我翻看鞋盒裡的明信片時，發現羅伯特的明信片大部分都是在一九一〇年代初期寄送的，寄件者是位於奧克拉荷馬州（Oklahoma）的親朋好友。（羅伯特的父親阿爾弗雷德．博爾斯（Alfred Boles）是一名律師，後來當上法官，所以羅伯特也保留了一些宣傳阿爾弗雷德法律事務所（Alfred's law）的明信片。」當中有些明信片印有可愛的圖像，有些印有節日問候語。很多都印了不同城鎮的建築物照片，善用美國小鎮的氛圍。有幾張含有充滿種族和性別歧視意味的迷因圖（Meme），在訊息欄潦草地寫了一九一一年的嘲諷文字。這個鞋盒就像個迷你時空膠囊，收羅了五花八門的明信片印刷技術，以及各式各樣二十世紀初的人寄發明信片的理由。研究家族的明信片收藏，讓我更明確地知道，我在更龐大的機構收藏中想要尋找的是什麼。

為此，我在各大圖書館和檔案館閱讀明信片，感覺有點像在讀瓶中信，因為我不認識收件者或寄件者，而背面的訊息只有他們看得懂。用另一種方式來說，這就好比閱讀陌生人的手機簡訊，試圖釐清個別訊息背後的故事一樣。使用家族收藏的明信片，意味著我對書寫、寄送和保存這些明信片的人有一定的認識，這是我閱讀大型機構的收藏時做不到的。這一點更證實了明信片有多個人。

像這樣的家族明信片收藏並不少見，世界各地各個鮮為人知的角落都可能有明信片的蹤跡。歷史學家丹尼爾・吉福德（Daniel Gifford）在他的著作《1905–1915年的美國節慶明信片》（*American Holiday Postcards, 1905–1915*）問道：「為什麼有這麼多人擁有從閣樓、櫥櫃和車庫大拍賣上，輾轉來到今天那些好奇的主人手中的明信片收藏？」[5] 吉福德說，他的家族也有收藏明信片的鞋盒，讓他開始對節慶明信片的歷史產生興趣。他表示：「我當時並沒有意會到，但是我曾祖母的收藏後來讓我得以一窺那個世界的慾望與焦慮——我要到攻讀美國史博士學位的時候才能理解、體會那個世界。在我展開那段旅程之前，這些明信片常常被丟在衣櫃的深處或其他堆得亂七八糟的東西下面。」[6]

自從我的研究計畫消息傳出去後，我的家族明信片收藏漸漸放不下一開始的那個鞋盒。當我向較年長的家族成員提到我在寫這樣的一本書時，得到的回應千篇一律都是：「噢，我有一盒明信片放在某個地方，可以寄給你。」他們真的寄來了。親戚從閣樓、櫥櫃、車庫、衣櫃翻出老舊的明信片寄給我，讓我的收藏快速成長。每個寄明信片給我的人都告訴我，他們很高興這些明信片能用在好的地方。提筆寫下這本書最後幾段文字時，我已經變成家族正式的鞋盒明信片保管人。

每當我提到這個寫作計畫，總是會被問：「明信片？你在寫一本跟明信片有關的書？現在還有人會寄明信片嗎？」這個問題的簡短答案是：「不，的確沒有人會寄明信片了。」

可是，以前的人的確會。過去一百五十年以來，明信片湧入各個市場，寄發的頻率是人類任何類型的通訊史都未曾有過的。奧地利（Austria）在一八六九年十月一日開始發行明信片（當時稱為Correspondenz-Karten，通訊卡。請見第2頁圖1），光是前三個月就賣出將近三百萬張。俄國（Russia）在一九〇〇年就寄出超過九千萬張明信片，當地稱作「открытое письмо」（意思是「明信」）或者更常見的「cartes postales」（跟歐洲使用的稱呼一樣）。短短十年後，這個數字增加為一年三億三千七百三十萬張。

歷史學家估計，德國（German）郵政系統光在一九〇三年就收發超過十億張明信片。在整個十九和二十世紀，印刷業者不斷發展新的墨水和紙張技術，讓更多人可以用他們預期的價格（簡單來說就是「便宜」的價格）[7]購買更多明信片。當時，明信片的數量極為龐大。

在二十一世紀，明信片給人一種古樸之感，是來自一個郵政系統不等於Amazon Prime快遞服務的年代。但，明信片建立了人們應該要能用低廉的價格在世界各地寄發訊息的社會期望，這樣的期望在過去一百年並未改變，只是材料和基礎建設變了而已。史密森尼學會（Smithsonian Institute）說：「在一九九〇年代，電子賀卡和電子郵件問世，明信片受歡迎的程度開始衰退。今天，人們購買明信片通常是為了當作紀念品，而不是為了通訊快速方便。」[8]從史密森尼學會的文字來看，很容易就會以為明信片這個印刷媒體已經在野外絕種了。

「還有人會寄明信片嗎？」這個問題的簡短答案是「不」，可是，這不是故事的全貌。人們寄明信片的頻率雖然不如以往，但還是有人會寄明信片。例如，美國在二〇一六年和二〇二〇年的大選，明信片便是鼓勵美國選民投票的媒體之一。

此外，明信片也展開了獨特的來世，變成受到藝術家和收藏家喜愛且歷久彌新的媒體。因此，明信片仍持續流通，只是不像以前那樣總是或只能透過郵政系統流通。過去幾十年，歷史明信片在藝術與媒體領域重新流通，不斷被當作視覺代理使用。即使從來不曾寄出或收到明信片的人，也知道明信片這個媒體「應該」做什麼。

明信片在人類通訊史上留下無法抹滅的痕跡，任何一種物質媒體都比不上。它們會如此成功，除了因為在寄件者和收件者之間創造了實體的物質連結，也是因為基礎設施去中心化的緣故。明信片和它的數位後裔都與人際關係有關，特別是簡短、便宜、時效性短的訊息。Instagram、Twitter、Facebook、Snapchat、TikTok等分享照片的應用程式中所形成的當代數位照片網絡跟明信片之間，有著不可否認的相似點。每次發布一張數位照片，我們就是在重現過去的社交網絡——明信片的社交連結。

因此，明信片尚未完全滅絕。

第一章

簽名、貼郵票、寄出

郵政的歷史，從史前說起

交換訊息最古老可追溯到至少一萬兩千年前的澳洲，當時原住民會把訊息刻在木棒上，讓信差帶到遠方。郵務對於複雜定居的大型社會而言，是維持日常生活運作不可或缺的元素。

在一九〇九年，美國郵政陷入了危機。那年六月三十日關帳時，帳務顯示出有一千七百萬美元的赤字，而且毫無擺脫這場財務危機的希望。

一千七百萬美元的赤字不是一筆小數目。就在十一年前，美國於一八九八年十二月十日簽署巴黎條約（Treaty of Paris）時，曾支付兩千萬美元給西班牙（Spain），要該國割讓關島（Guam）、波多黎各（Puerto Rico）和菲律賓群島（Philippines）的主權給美國。也就是說，美國郵政在一九〇九年的虧損，相當於美國政府為了終結已進行三個月的美西戰爭所花費的支出（把通貨膨脹算進去，當年的一千七百萬等於今天的四億八千三百萬美元）。歷史學家丹尼爾．吉福德說：「當時，那是郵政部有史以來最龐大的赤字，調查、指控、提議解決方案幾乎馬上就展開了。」[1]

可是，短短兩年後，美國郵政在一九一一年六月三十日宣布，他們有了超過二十萬美元的盈餘，相當於今天的五百七十萬美元以上。中間究竟發生了什麼事？

答案是：明信片。

到了二十世紀初，明信片已經是個龐大的產業。有數千億張明信片在世界各地被製造、購買、寄送和傳遞。明信片在美國愈來愈受歡迎，就跟全球各地一樣。一九〇九到一九一一年間，美國人寄收的明信片數量大約成長了一倍。鄉村和都市人口都寄出了數億張明信片，在美國郵政極需人民多寄點東西的時期，讓這個產業賺進許多利潤。

《華盛頓郵報》（*Washington Post*）的專欄作家弗雷德里克・哈斯金（Frederic Haskin）在分析一九一〇年的美國郵政危機時寫道：「平均一百二十張明信片的重量是一磅，所以郵局每遞送一磅明信片，就能得到一點二美元，不像一般運輸平均一磅只能收九或十美分。因此，明信片生意對郵局來說，利潤非常豐厚。」[2]

我們知道是明信片郵資帶來的營收，協助美國郵政達到一九一一年的盈餘數字，但是還不知道郵局當初是怎麼讓自己陷入財務危機的。根據這點，美國郵政總長法蘭克・希區考克（Frank Hitchcock）在一九〇九年表示：「近期的調查顯示，郵局虧損的兩大來源為第二類函件與鄉村投遞服務。第二類函件的虧損逐年增長，現在已經超過六千四百萬美元。至於十幾年前才開始推動、成長速度史無前例的鄉村投遞服務，這服務所造成的虧損，已達到將近兩千八百萬美元。」[3]

換句話說，美國郵政最初的財務危機，跟人們寄送的實體物件類型以及地理位置有關。將郵件送到住在鄉村地區的美國人手上，比都市郵件還花錢。

四十多年前，也就是一八六三年，美國國會批准在達到人口與經濟標準的城市推行免費投遞到家的服務。一座城市的人口必須達到一萬人、總郵務營收達到一萬美元（相當於今天的二十萬五千美元），才能推動家家戶戶人工投遞的服務。十九世紀到二十世紀初的郵件投遞服務週一到週五都有，每日數次。然而，要將信件送達到原本服務範圍以外的地點，並依循可預測又可靠的投遞時程，很快就讓郵局面臨緊迫的經濟壓力。例如，在一九〇五年的巴爾的摩（Baltimore），郵差一天送信次數可能會有七次之多。然而，到了一九二三年，投遞服務已經簡化成我們熟悉的一天一次；同年，郵局也規定新房子一定要裝信箱或投信孔，這樣投遞速度才會更快，郵差不用等住戶出來收信。[4]

把信件送到城鎮是一回事，但在十九世紀中葉把信件送到散居的鄉下和小村莊又是完全不一樣的一回事。美國政府在鄉村地區沒有提供免費的投遞服務，因此私人郵件投遞公司便滿足了這項需求。直到一八九三年，喬治亞州（Georgia）議員湯瑪斯・E・華森（Thomas E. Watson）努力促成法案通過，鄉村免費投遞服務（免費到城鎮以外的地區進行配送）才成為明文規定的服務。到了一八九六年，鄉村免費投遞服務的範圍進一步擴大，甚至擴及難以到達的地方，但有些地區實在太過偏遠，不可能每日投遞，例如位於大峽谷（Grand Canyon）底部的哈瓦蘇派（Havasupai）原住民社區，一個星期只能投遞三次。

在這些新開闢的鄉村路線上投遞信件和刊物的郵差，真的累積了很多行走里程數。到了一九〇一年，進行鄉村免費投遞服務的郵差所完成的總里程數，已經超過了十萬英里

（約十六萬公里），該服務的成本約為一百七十五萬美元，雇用的郵差超過三萬七千人。這些數字仍不斷增加中，因此九年後，共有四萬零九百九十七位郵差走過九十九萬三千零六十八英里（約一百五十九萬公里）的路程，花費郵政部三千六百九十一萬五千美元（相當於今天十億美元以上）。這項服務很快就被居住在鄉村地區的美國人視為理所當然；然而，鄉村免費投遞服務消耗郵局資源的速度更快。[5]

在一九〇八年，郵政總長喬治．邁爾（George Meyer）在眾議院小組委員會（House sub-commitee）面前作證。他說：「鄉村投遞服務嚴格來說雖然無法自給自足，但是確實讓營收大幅增加。換句話說，信件是從中心地區發到鄉村投遞服務的對象手中，因此業務都被歸功給大型的郵局。」[6]到了一九〇九年，郵局處於極大的困境，曾考慮乾脆中止鄉村投遞服務來減少開銷。這項提議馬上遭到強烈反彈，美國人完全不接受。

商討投遞議題的同一時間，郵局也正式承認六大類函件，其中包括明信片。在一九〇五到一九〇九年間，鄉村地區的郵件投遞數量已經遠遠超過了寄件數量。不過，若以「明信片類別」來說，在鄉村路線上收取的明信片數量比投遞數量還多，這是唯一一類能做到這點的函件。在一九〇五到一九〇九年間，投遞到鄉村路線的明信片增加了百分之四百一十，但在同一路線上收取的明信片數量，則是增加百分之八百四十六，也就是說，從這些地方寄出的明信片比投遞過來的還要多。這樣的社會模式顯示，沒有都會氣息的田園風光是適合造訪和寫明信片回家的地方，但可能不是絕大多數美國人居住的地方。

因此，明信片打破了美國的城鄉文化區別，成為郵局的救命索。美國人不僅會寄明信片，而且是寄很多很多的明信片。吉福德說：「鄉村地區的美國人傳遞的是理想化的自己。在時局艱困的時候，那些如詩如畫的田野、穀倉、柵欄和農舍可以創造另一種敘事，營造出美麗、健康、繁榮的景象。」[7] 在一九〇七年六月到一九〇八年六月之間，美國人寄了六億六千七百萬張明信片。「一九〇八年的聖誕節冒出兩百萬張明信片，癱瘓了布魯克林（Brooklyn）的郵局，而一九〇九年又迎來新一波的明信片熱潮。」[8] 根據一九一〇年的普查數據，吉福德估算這平均等於是「全美的每一個男女老少，一年會寄出七張明信片，而且還沒把收藏在冊子和鞋盒裡不曾寄出的那些算進去。」[9]

簡言之，在一九〇九到一九一一年間，美國人寄明信片的頻率達到前所未有的高峰。明信片如此受歡迎，可能會讓郵政部的會計大吃一驚——他們負責統計和記錄每年寄出的數億件信函——但是把明信片賣給美國人的商人可是一點也不意外。愛荷華州滑鐵盧（Waterloo）的一位明信片業者在一九〇九年寫道：「長期以來，我們一直努力讓明信片的生產者相信，這門生意絕大部分是在鄉村地區獲利的。」[10]

明信片熱潮出現的時機正好，成為解決郵局財務危機的獨特妙方。雖然美國人從十九世紀中葉就開始寄收明信片，但是這時候出現了新的明信片類型，隨之而來的還有新的量產技術，讓人們對於購買和寄送明信片產生新的預期心理。吉福德認為：「偏遠和鄉村地區的美國人，因為搭上這股受歡迎的明信片熱潮，為苦苦掙扎的郵政部帶來救命索。這條救命索是由一張張明信片編織而成的。」[11]明信片創造了足夠的收入，把郵局的赤字轉變為盈餘，同時也終止了有關停止每日鄉村投遞服務的討論。

有趣（但或許不叫人意外）的是，一九〇九年並不是郵局第一次面臨財務危機，也不是最後一次。例如，在一八四七年，郵局出現財務困境，最後是仰賴跟寄件者收取郵資，而非向收件者收費，才將危機緩和下來。這個做法剛開始實施時受到很大的反彈，但很快就變成美國郵政系統寄信的新常態。然而，明信片確實化解了美國郵政一九〇九年的財務災難，而且在後來的整整十四年內都平安無事。

在大西洋的對岸，明信片對英國的社會結構也發揮了同樣重要的作用。皇家郵政（Royal Mail）在一九〇九年賣出八億三千三百萬張明信片的郵票，等於該國每一個男女老少平均買了將近二十張。根據歷史上估計的數字，在一九〇二到一九一〇年間，共有六十億張明信片使用皇家郵政寄送，除了連結大英帝國本島的居民，也將殖民地的前哨據點跟本島連結起來。不是只有美國人熱愛明信片，世界各國都出現這樣的熱潮。[12]

紐約州立圖書館手稿與特藏部門的資深館員弗雷德・巴賽特（Fred Bassett）說：「照片明信片不僅是一種通訊方式，還描繪了美國人的生活樣貌，尤其是二十世紀前二十年的美國生活，大小事件都曾被做成明信片。在報紙（尤其是小鎮的報紙）幾乎不會刊登任何照片的時代，明信片提供了非常便宜又便利的方式，捕捉形形色色的人事物。」[13]

美國人（以及世界各地的人們）在二十世紀初寄了數也數不清的明信片。我們很容易就把明信片看成時效性短的大眾媒體，卻忘了每一張買來寄出的明信片都是某人與某人的連結。歷史上的明信片網絡是由以億為單位的明信片建構而成，讓人感覺個別明信片似乎不重要。然而，花點時間細讀一張明信片的枝微末節，會讓訊息有了意義、故事有了生命。

多虧有我那一盒家族明信片，我得以閱讀數百則寄給羅伯特・博爾斯的訊息，之後這些訊息都被保存下來，明信片的寄件者稱羅伯特為「鮑伯」、「鮑比」、「孩子」等不同的稱呼。羅伯特在奧克拉荷馬州長大，之後搬到加州（California）的雷德蘭茲（Redlands），在灣區（Bay Area）擔任土地測繪師。來自奧克拉荷馬州的明信片是他搬家前所認識的朋友、親戚和同事寄的，這些明信片提供了日常觀點，讓在世界各地流通的無數張明信片變得真實，這是大型機構裡那些缺乏特定背景脈絡或沒有故事的明信片做不到的。

羅伯特的收藏涵蓋明信片這門藝術的每一種類別和主題，跟明信片史學家所描述的黃金時代明信片一模一樣。我讀到一張要求索取舞會邀請函的明信片；提醒地址變更的明信片；祝福同事聖誕快樂的明信片；到芒特沙斯塔（Mount Shasta）旅遊的明信片（請見第5頁圖2）；親戚問他怎麼都沒捎來信息的明信片（「等好幾個星期都沒等到一封信，你真可惡。」）。有的明信片只在背面簽個名，還有一些放了城鎮廣場和國家公園的照片。不少明信片都放了奧克拉荷馬州佩里（Perry，位於奧克拉荷馬市北邊約六十英里處，就在35號州際公路東邊）的建築物彩色照片，若有必要，我覺得我一定可以重建這座城鎮當時所有的建築。有的卡通明信片內容自大，有的則非常沒有禮貌。

由於一九〇九年對美國郵政史來說是非常重要的一年，我便翻找了一下羅伯特的明信片，看看有沒有來自那一年的郵戳。那一年的明信片只有幾張，因為大部分的明信片都來自一九一一年他出差頻率變高之後。

在來自一九〇九年的明信片當中，有一張亞麻印刷明信片，正面印了一束紫色勿忘草和「純潔柔情的思念」等字樣，背面則以十六種語言寫出「明信片」，左邊是訊息欄，右邊是地址欄（請見第4頁圖1）。寄件者「布朗尼」（羅伯特的妹妹瑪裘莉）在一九〇九年十一月二日於奧克拉荷馬州的佩里寫下這段話：「千萬不要有任何一刻以為我不想收到你的消息，因為我非常喜歡跟你交換明信片。」接著，布朗尼告訴羅伯特，她那天晚上要去參加一場舞會，很難過他沒辦法跟她一起去。明信片的地址欄寫著「羅伯特．博爾斯先生，加斯里（Guthrie），奧克拉荷馬州」。在一九〇九年的十月二十九日，布朗尼寄了一張拉斐爾．塔克父子公司生產的「姓名」明信片系列，將羅伯特的名字使用混合了粉色和金色的花體字拼出來，四周圍繞著玫瑰（請見第4頁圖2）。文字內容謹慎地傳達責備的話語：「如果不想惹我生氣，就不要說會讓我生氣的話……很開心見到你，但是別忘了那個『孩子』。布朗尼。」

最後一張來自一九〇九年的明信片有著銅色邊框和使用彩色墨水印製而成的圖畫，描繪一對愛德華時代（Edwardian）的情侶在公園的椅子上卿卿我我，一名警察左手做出喝止的手勢，右手亮出一根警棍，試圖阻止這情色的行為（請見第5頁圖1）。這張明信片的圖片說明運用了一個十分勉強的文字遊戲：「逮個正著。」*這張明信片在一九〇九年十月二十一日於奧克拉荷馬州的佩里寄給在加斯里的羅伯特，訊息內容如下：「這是為了回應你在〇九年五月二十五日寄給我的明信片。剛找到這個，看到沒？埃德娜・B（Edna B）。」我真的很想知道，我的外曾祖父羅伯特在一九〇九年的五月寄給埃德娜・B什麼樣的明信片，會讓她回覆這樣的訊息。

在一九一〇至一一年間，羅伯特開始收到來自全美各地的明信片，但大部分仍來自加州和奧克拉荷馬州。（也有可能是因為羅伯特後來保留的明信片比較多？）這些明信片傳遞了有關旅行、搬遷、生病和高級舞會的消息，記錄日常生活的點點滴滴，讀起來平凡無比。例如，在一九一〇年十二月二十二日，「羅伊」寫了一張明信片給鮑伯，也就是人在加州威廉斯（Williams）的羅伯特：「從目前的情況看來，我幾乎不可能在聖誕節前去拜訪你。如果我找得到人代班，我會搭乘星期六晚上六點五十五分的火車過去。無論如何，我祝你有個愉快的聖誕節和新年。」羅伊最後有沒有找到人代班，我們不得而知。

* 譯註：原文「'Coppered' in the act」將「be copped in the act」這個常見的用法稍作更改，把「cop」（逮到）換成「copper」（鍍銅）。

讀愈多羅伯特的明信片，我愈難以招架這樣的枝微末節。從許多方面來說，我就像在閱讀外曾祖父一百多年前的簡訊一樣，只是那些訊息是手寫在一張印製的卡片背面，被貼上郵票，然後郵寄給收件者。

明信片的出現，早在一九一〇年羅伊寫明信片告知羅伯特聖誕節事宜的七十年前。要定義「世界上第一張」的明信片有很多方式，但是一般都同意最早出現的明信片是在一八四〇年，倫敦的小說家兼劇作家西奧多．胡克（Theodore Hook）因為好玩而寄給自己的那張手繪圖像明信片。明信片的正面畫了一群自大的法律文書員，他們圍著一個奇大無比的墨水瓶，使用同樣奇大無比的鵝毛筆寫字，這是一幅完全出自狄更斯（Dickens）小說的諷刺漫畫。胡克在背面貼了一張黑便士（Penny Black）郵票，收件人寫上自己：「西奧多．胡克先生，富勒姆（Fulham）」，然後覺得自己戲弄了郵局而哈哈大笑（胡克的同僚時常提及他的「機智與詼諧」）。這張明信片在二〇〇二年以三萬一千七百五十英鎊的價格賣出，當代的英國郵政歷史學家愛德華．普魯德（Edward Proud）認為這張明信片的發現「（使得）

胡克無庸置疑是『郵政方面的三明治伯爵』」，因此認為胡克先生是明信片的發明者。[14]

然而，維也納（Vienna）的伊曼紐・赫爾曼（Emanuel Herrmann）博士更常被認為是明信片的「發明者」，因為他在《新聞報》（*Neue Freie Presse*）曾寫過一篇文章，提議可以發行一種郵資預先印製好的卡片，促進日常通訊的效率。他認為，如果幾行字就夠了，何必浪費一整封信的空間和郵資？於是，在一八六九年九月二十二日，奧地利郵政部頒布第21.18.916.1832條郵政規範，推行「Correspondenz-Karten」（通訊卡）這種國內通訊類型的郵件，宣布這是可接受的一類函件。奧地利郵局隨即開始發行一種卡其色的卡片，右上角印了一張兩克羅斯（kreuzer）*的黃色郵票。通訊卡其中一面印有三行線，用來書寫收件者的地址。[15] 根據官方規範，帶有「猥褻、誹謗或其他應受罰的行徑」等「不雅字眼」將不予以投遞。通訊卡在一八六九年十月一日開始流通，短短三個月內在奧匈帝國（Austria-Hungary）賣出兩百九十二萬六千一百零二張。[16]

其他歐洲國家注意到通訊卡的成功，因此當時北日耳曼邦聯（North German Confederation）政府緊接著也在一八七〇年七月一日發行明信片，定價一枚格羅申（Groschen）銀幣，跟

* 譯註：克羅斯（kreuzer）是德國南部、奧地利和瑞士等地早期流通的貨幣。

一般信件價格相同。明信片在德國開始販售的第一天，光是柏林（Berlin）就賣出四萬五千四百六十八張。在一八七二年三月一日，將原本的名稱「Korrespondenzkarten」正式改為「Postkarten」，上面印有圖片和書寫幾行訊息的空間。明信片廣受大眾歡迎，不只賣給當地人，也賣給觀光客，所以德國跟奧匈帝國達成協議，在這兩個國家之間寄送的明信片，將由當地各自的郵務系統進行投遞；瑞士（Switzerland）和英國也跟進將明信片正式列為合法函件類別。不過這些明信片大部分都只在國內寄送，因為國際郵差不確定要如何判別明信片上的郵資。

如何在國際間寄送明信片的這個問題，幾年之後，在一八七四年獲得解決。那年，共有二十二國簽署了伯爾尼條約（Treaty of Bern），部分重點便放在如何制定帝國之間郵件傳遞的相關法令，這是明信片第一次在國際層級的會議上被提出來討論。所有與會國都同意，明信片應該要能在萬國郵政聯盟（Universal Postal Union）的成員國之間寄送（簽署這個條約之前，寄到國外的明信片可能會因為「無法寄到國外」的理由被退件）。[17]歷史學家法蘭克·斯塔夫（Frank Staff）指出：「今天，我們把明信片寄到國外時並不會多想，很多人都假定這種常見的日常行為一直以來都是做得到的，但幾乎沒有人知道，這是世界上多個文明國家的最高層郵政官員曾出席一場國際會議，花了好幾天、許多個小時的時間討論，才達成協議確認要做這件事。」[18]國際郵資和傳遞的棘手議題解決之後，明信片的銷量增長更多。

在歐美各地，照片明信片很快就出現各式各樣不同的類別，包括政治宣傳、觀光和廣告等。有的明信片是為了呼籲世界和平或激起反教權主義而發行，有的是在廣告慈善事業或傳教活動，也有的印有文學大家的名句，或是觀光景點如詩如畫的景色。一八七〇年，普魯士（Prussia）甚至為軍隊發行了「戰場明信片」，這個系列提供「有關聯的文句」，其中好幾張明信片展現了軍事戰地郵局在訓練和武裝衝突期間是如何設置運作的；[19]歷史學家和明信片收藏家把這些「戰地明信片」歸類為最早期的宣傳性明信片。在接下來的幾十年，包含柯特．泰希公司和拉斐爾．塔克父子公司在內的各家公司，都跟特定的照片明信片類別、美國文物以及二十世紀中葉的觀光業畫上了等號。

在十九世紀中葉到晚期，幾乎每一個國家都有發明和再發明自己的明信片。描繪景觀、紀念建築和風景的（廣告用途）商業卡和「拜訪卡」*流行於十八世紀的歐洲，是早於全球印刷明信片產業的前身；還有一種信封上印有彩色平版印刷圖像的「郵寄卡」，也是

* 譯註：商業卡（trade card）類似今天的名片，商家發給客戶和潛在顧客的一種卡片，用以宣傳自己的生意，有些做得十分精美；拜訪卡（visiting card）用於拜訪友人但對方不在家時，而將這款卡片請傭人轉交給主人，表示自己有來過，基本上是歐洲上流階級所使用。

明信片的祖先之一。一八六一年二月二十七日，美國國會通過立法，允許這種私人印製的卡片透過郵務系統寄送。同一年，費城（Philadelphia）的文具商和印刷業者約翰・P・查爾頓（John P. Charlton）和海曼・立頓（Hymen Lipton）為他們所謂的「明信片」（postcard）取得版權保護。

到了一八七〇年代，美國郵政開始印製自己的明信片，稱作「先驅卡」（Pioneer Card）。在接下來的三十年裡，郵局是美國唯一可以印製合法明信片的機構，郵資定為一美分。民間印刷業者還是可以繼續印製、販售卡片，只是不能稱之為明信片，例如商業印刷業者和文具商時常販售「私人郵卡」，但這些私人卡片的郵資為兩美分。後來，國會在一八九八年五月十九日通過「私人郵卡法」，明信片的郵資才一致定為一美分。這引起了大眾的興趣，人們紛紛開始購買和寄送各種明信片。英國在一八九八年通過的帝國便士郵資法，讓信件和明信片可以用一便士的價格寄到整個大英帝國各處（到了一九〇五年，便士郵資法涵蓋紐澳兩地）。[20]

到了一九〇〇年，明信片開始變得比較像我們現在所預期的樣子。在一九〇七年，明信片的分區格式（另外印幾行線寫地址）出現在美國（雖然很多歐洲國家早在幾十年前就開始使用這種格式）；到了一九一五年，大部分的明信片背面都有分區；又過了十五年左右，明信片上出現白色邊框，也有愈來愈多的明信片印有圖片。明信片風格的演進可以幫助人們判斷歷史明信片的年代和製造方式，不過，明信片種類的多元，顯示了這個媒體的技術在全世界是多麼有彈性和改造空間。

然而，這些早期明信片會如此成功，要歸因於幾項社會與科技共通要素：寄件者付得起的便宜郵資，以及將貼有郵票的明信片交到收件者手上的物流體系。換句話說，明信片是因為我們擁有把圖像印在紙張上的技術，還有收取郵資和投遞郵件的社會制度，所以才能成功。

西奧多．胡克先生雖然嚴格來說是第一個寄出明信片的人，但創造、傳遞和收取訊息的活動可以回溯到好幾千年以前。羅伯特、「布朗尼」、埃德娜．B之間互相傳遞的那些明信片，只是大眾傳播網絡的一部分，但是大眾傳播網絡本身卻來自比這還要古老許多的書寫、傳遞和收取訊息傳統。要瞭解明信片的用途以及它們攜帶和傳遞訊息的方式，我們必須先認識創造出明信片的社會機制——郵資、傳遞路線與乘載訊息的媒體。

媒體研究學者傑森・法曼（Jason Farman）在二〇一八年的著作《延遲回覆：從古代到即時訊息現代的等待藝術》（*Delayed Response: The Art of Waiting from the Ancient to the Instant Worlds*）問道：「我們什麼時候開始認為，花時間等待回覆是一件值得的事？面對面的交流什麼時候不再能滿足我們的需求？我們什麼時候發展出傳遞訊息到遠方未知地區的技術？人類什麼時候開始傳遞訊息？」[21]

要找到人類交換訊息的最早實例很困難，因為人類從古至今用來寫下訊息的媒介，有很多無法保存，會隨著時間過去而褪色、碎裂或腐朽。雖然考古學家曾在世界各地的許多地方發現石器時代的繪畫和文物，但是我們不可能把這些文物描述成像人與人之間的通訊媒體那樣的「訊息」，因為我們對更新世的文物在各自不同的史前文化中攜帶的文化特徵瞭解得實在太少。

交換訊息最古老的方式之一，可追溯到至少一萬兩千年以前的澳洲。當時，原住民會把訊息刻在木棒上，讓信差帶到遠方。將想要傳遞的訊息口述出來，再以象形文字或各種收件者看得懂的圖案，刻在細細短短的棒子上，然後信差會用步行和搭船的方式，將訊息傳遞給收件者。絕大多數的訊息棒都是用來告知收件者集會資訊，或者用來稱頌某個人。這些移動式的訊息棒通常讀完後就會丟棄，因此難以估算出澳洲原住民使用這種通訊方式的數千年間，究竟有多少訊息是透過棒子進行寄收。如傑森・法曼所說，訊息棒「通常是傳達單一事件的一次性工具，不含知識『資料庫』……它是人類的第一個『行動媒體』。」[22]我們今天因為原住民流傳下來的口述歷史，而得以看懂這些訊息棒的內容；對原住民而言，訊息棒對他們的身分認同與文化十分重要。

法曼跟我討論明信片和訊息的歷史時，說道：「有很多書寫通訊方式不見得會期待收到回音。例如，信件寄出去後，因為郵務傳遞本身具有不確定性，所以往往無法確定是不是有送到收件者手上。」我繼續追問：那明信片呢？寄出某個東西不一定會期待收到回音是什麼意思？法曼說：「或許，寄出明信片這個動作，比收到明信片這件事還重要。寄發明信片的重點是在特定的社會和地理空間表現自己。」[23]

然而，為了表現自己，就需要有個方法來確保訊息一定會被收取和傳遞。郵務對於複雜定居的大型社會而言，是維持日常生活運作不可或缺的元素。一個地方的人夠多（或者是有好幾個人口密集的地方），人們必定需要找到方法互相傳遞訊息。無論國營或民營的郵政系統，都是在帝國各處建立和維持通訊的重要手段。從古至今，人們靠這些體系解決訊息量龐大的問題，運用有效的方式傳遞愈來愈多訊息，無論是中國、歐洲、波斯（Persia）或橫跨中亞（Central Asia）的成吉思汗帝國，擁有可靠的寄收訊息方式，向來是帝國賴以為生的基礎建設。

牛皮紙、莎草紙、紙張等以碳為基礎的有機媒介，都無可避免地會分解腐敗，但變成化石的骨頭、石頭和黏土等非有機媒介，則可以保存得很好。因此，有組織的寄收訊息系統，最早雖然可以回溯到楔形文字泥板（請見第8頁圖2），但是這可能存在著歷史和考古紀錄的物質保存偏誤，不能肯定真的是「最古老」的。

考古學在寫有楔形文字的泥板上，追溯到西元前一九〇〇年左右的古代亞述（Assyrian）商界。這些楔形文字泥板呈現了古代巴比倫（Babylonia）世界的枝微末節，如做生意令人頭痛的地方和令家庭心碎的事件。由於楔形文字的訊息是寫在泥板上，古代巴比倫日常生活的一切，後來被永久保存了下來，這恐怕是這些訊息的作者難以想像的。

一九六七年，首次將古代楔形文字泥板謄寫、翻譯並集結出版為《來自美索不達米亞的信件：兩千年來寫在泥板上的官方、商業與私人書信》（*Letters from Mesopotamia: Official, Business, and Private Letters on Clay Tablets from Two Millennia*）。閱讀這些楔形文字訊息的譯文，就像在閱讀明信片的訊息。這些泥板有的描述了地主對佃戶的怨言；也有經商受騙上當的憤慨；有重要他人捎來的信；還有緊密而難以攻破的官僚制度，導致少數的幾位朝臣和政客否決了請願者的請求。有些訊息意義重大，有些則明顯不重要。不過，由於這些泥板通常很小，跟明信片一樣，訊息便因此受到媒介的限制。

舉例來說，有一塊西元前一七五〇年左右的巴比倫泥板，是一位名叫阿達－阿布姆（Adad-abum）的人寫給他的父親烏沙盧姆（Uzālum）的。阿達－阿布姆顯然不信任他的信差，同時無禮地要烏沙盧姆把他之前提過的斗篷寄給他。

> 告訴烏沙盧姆：你的兒子阿達－阿布姆要告訴你以下的訊息：
>
> 願沙瑪什（Šamaš）和威爾（Wēr）兩位神明保佑你永遠健康。
>
> 我從來沒有因為想要任何珍貴的東西而寫信給您。但，您若想讓我把您看成一位父親，就給我一條串滿珠子的美麗鍊子，讓我戴在頭上。用您的封印將它封好，交給送這塊泥板的信差，叫他帶來給我。您手邊若沒有這樣的鍊子，就從地下挖出任何（類似的物品）寄來給我。
>
> 我非常想要這個東西，不要不給我。這會讓我知道您是不是像個真正的父親那樣愛我。當然，請您估好價格，寫下來，用泥板寄給我。去找您的那位年輕人，絕不能

看見那串珠子，所以請把東西（用包裝）封好，再交給他。他絕不能看見那條您要寄來給我、戴在頭上的鍊子。那條鍊子應該串滿（珠子），並且很美麗，要是我看了不喜歡（？），我會退回去！

還有，也把之前我跟您說過的斗篷寄來。24

囉嗦一點的明信片也有可能出現類似的溝通模式。可以料想的是，這塊泥板是加強人際連結的手段，而這段訊息是寄件者和收件者之間（以這個例子來說，應該是一位氣呼呼的父親和沒大沒小的兒子）某次往返通訊的一部分。想要成功傳遞這塊泥板，會需要有人（「去找您的那位年輕人」）把訊息從寄件者所在的地方，實際帶到一段距離之外。這個例子在西奧多．胡克先生想出明信片這個點子的好幾千年以前，便呈現了明信片必須擁有的每一項社會基礎建設元素。

寫下訊息是一回事，能夠寄出和收到訊息又是另一回事。波斯國王大流士（Darius，西元前五二一—四八六年）創造了一個正式的郵政系統，目的是要傳遞他的政令，這可能是世界上最受讚揚的古代郵務系統。後來，這個網絡除了傳遞帝國政令外，也被商人和其他古代亞述人用在私人和商業用途上。歷史學家蓋德．格羅普（Gerd Gropp）說道：「波斯人把駱駝從阿拉伯半島（Arabia）帶到撒哈拉沙漠（Sahara），以便在新闢的沙漠道路上安排郵務。有條會經過安納托利亞（Anatolia）抵達蘇薩（Susa）皇宮的郵務路線非常有名。」[25]

大流士在建立寄收訊息的正式系統時，其他人同時則忙著推翻這套系統。例如，希臘（Greek）統治者希斯提亞埃烏斯（Histiaeus）便想出一個辦法，要在不被愛窺探的波斯帝國發現的情況下，傳遞敏感訊息。根據古希臘歷史學家希羅多德（Herodotus）的記載，希斯提亞埃烏斯把一個奴隸的頭髮剃光，將訊息寫在他的頭皮上，接著等頭髮重新長出來，讓訊息在送達目的地前可以安全藏匿，抵達目的地後再剃掉頭髮，給收件者閱讀訊息。

回到楔形文字泥板的世界，這些泥板傳遞的速度在歷史上留下了傳奇。希羅多德聲稱：「沒有凡人能跟這些波斯信差移動的速度一樣快。無論是遇到冰雪、風雨、炎熱的天氣或黑夜，這些人都不會受到阻饒，仍以最快的速度達成他們必須完成的距離。第一個信差把信件交給第二個信差，第二個信差再交給第三個信差，整條路上就這樣一手傳過一手，好比火炬的傳遞。」26

促成訊息之寄收的郵務系統是由三個元素組成：傳遞路線、郵資和書寫訊息所使用的材質。換句話說，一則訊息要能夠被寄出和收到，必須要有一條該郵件可以依循的路線，以及支付給信差的郵資，讓他把郵件從一地送到另一地。另外，人類雖然從古至今都會互相傳遞訊息，但是書寫訊息的材質卻有著很大的差異。不意外地，這對郵件的寄送也會造成影響。

繼楔形文字泥板之後，訊息曾被寫在牛皮紙、羊皮紙、莎草紙、紙張和其他各式各樣的媒介上。羅馬（Rome）、希臘、埃及（Egypt）、中國、波斯和蒙古等龐大的帝國都擁有郵政系統，這是經營複雜的官僚帝國日常不可或缺的一環。有些郵政系統是公開的，任何有能力支付郵資的人都可使用；有些郵政系統只讓統治階級使用，是皇家特權的例證。此外，郵政系統跟它們所傳遞的媒介和訊息一樣，在過去五千年的人類史中一直被發明和再發明，每一次都反映了誰、如何、何時、為何會收到訊息背後的文化價值觀和道德觀。

例如，在西塞羅（Cicero）的時代，郵政系統是羅馬金融家在維護運作的，因為他們跟羅馬政府買下了在外省徵收稅金的權利（就連羅馬的外省總督也認為這套體系非常可靠有效率，很適合行政公文的往返）。[27] 兩百年後，也就是西元前一世紀，羅馬帝國的郵政系統已經沿著一系列的道路和港口，在不列顛（Britain）到君士坦丁堡（Constantinople）之間的各個地方運送和傳遞書信。到了西元一〇〇年，這條路線上已經出現了寄宿地點，每二十五英里（約四十公里）就有一間旅店，另外每十英里（約十六公里）還設有一個中轉站。郵務車依照羅馬法的規定，是由兩匹馬拉的兩輪馬車。[28]

在中世紀的歐洲，大部分的郵務路線都是依循羅馬帝國時期開闢的舊路線。例如，在十二世紀時，德國的屠夫公會（Guild of Butchers）建立了所謂的屠夫郵局（Metzger Post），公會成員旅行時會把信件帶在身上。後來，這演變成正式的郵政系統，一直延續到一五〇〇年代，最後被神聖羅馬帝國（Holy Roman Empire）的郵務體系接管。一一六〇年，巴塞隆納（Barcelona）建立了一套郵務系統，利用不是負責神職工作的修士，為該地區的城鎮村莊提供郵務，他們必須穿著制服，並記錄郵務資訊。將近三百年後，巴塞隆納的郵政當局在一四四四年七月二十日針對信差做出明確的指示：綁成一捆的信件不可拆開；信件只能送到正確的地址；特殊遞送需求可以另外付費完成。

到了一二〇〇年，歐洲大學也出現郵政系統，信差會協助在學生和他們的家人之間傳遞訊息。為巴黎大學（University of Paris）服務的信差除了幫學生帶信，也會替私下支付費用的人收發郵件，協助把訊息傳到歐洲其他地方。

一四八一年，英王愛德華四世（Edward IV）在跟蘇格蘭（Scotland）打仗時，設置一套「郵務系統」接力傳遞快訊，每二十英里（約三十二公里）都有騎馬的信差待命接棒，訊息一天可以移動長達一百英里（約一百六十公里）的距離。雖然愛德華國王的系統不是公用的，但今天的英國皇家郵政仍把當年使用的路線視為英國郵政史的根基（那時候，建立郵務路線的地方，當然不只歐洲。一四〇二年，中國明朝的永樂皇帝也為想要寄送私人信件的人，建立了帝國信差服務）。這些成為全國郵務系統的基礎，類似數百年前古代帝國使用的體系。[29]

隨著各個小型郵務系統變得愈來愈正式化，傳遞愈來愈多的郵件，國內和國際信件之間的問題也愈來愈常見。屠夫公會的投遞服務最遠就只能把信件帶到某個點，但要是商人需要寄信給服務範圍以外的供應商怎麼辦？隨著歐洲開始加速國際貿易與探險的速度，歐洲各國便需要想辦法把訊息帶到更遠的地方。

在一四八九年，約翰・塔克西斯（Johann von Taxis）被任命為神聖羅馬帝國的第一任帝國郵政總長，總部位於奧格斯堡（Augsburg），並在奧地利建立國營的郵務系統。在一五〇五年一月十八日，法蘭茲・塔克西斯（Franz von Taxis）跟西班牙簽署協議，以每年一萬兩千里弗爾（livre）的價格設置和營運一套郵務系統，在今天的比利時（Belgium）和荷蘭（Netherlands）、馬克西米利安（Maximilian）位於德國的宮廷，以及法國和西班牙的宮廷之間交換信件，服務巴黎、里昂（Lyons）、托利多（Toledo）、格拉納達（Granada）等城市。這第一套國際郵務系統非常成功，因此圖恩（Thurn）和塔克西斯（Taxis）家族（約翰和法蘭茲隸屬的家族）就這樣一直負責服務歐洲的郵政體系，直到一八六七年將僅存的郵務路線賣給普魯士為止。30

歐洲帝國版圖擴張的同時，郵務系統也跟著拓展到世界各地。歐洲帝國擴充的疆域、佔領的屬地以及後來的殖民地，都出現各自的郵務系統。就像一千多年以前的大流士、居魯士（Cyrus）和古代亞述人早就洞悉的問題，一個帝國的行政運作可是一點也不簡單。要成功經營帝國，就必須要能把訊息、政令和資訊從中央（首都或核心地區）傳送到帝國的邊陲地帶。

到了一六〇〇年代，世界各地已經存在著許多不同的郵務系統，有的是由私人公司持有經營，有的是由政府運作；許多郵務系統的服務區域會有重疊的狀況。郵務系統需設置、維護路線（事實上，這些路線還可以透過買賣易手），也不斷開發新路線，路線增加得愈多、發展得愈好，訊息就愈常沿著這些路線傳遞。

帝國之間不僅持續增加新的郵務路線，這些路線還往往包含多種類型的運送方式，從小船、馬匹到步行都有。例如一六六八年，在英國的哈威治（Harwich）和荷蘭的赫勒富茨勞斯（Helvoetsluis）之間設置了郵遞服務，利用英國的郵政船在多弗（Dover）和加萊（Calais）來回傳遞郵件。在這條路線上，郵件會在星期二和星期五離開倫敦、在星期三和星期六離開赫勒富茨勞斯，除了建立固定的郵務路線，也確立了一個可預測的郵件收取和投遞時間表。這條路線在十七世紀晚期的文化扮演了非常重要的角色，連在一六九二年的第三次英荷戰爭期間也沒有中斷服務。

確立固定的郵件投遞時間表，是郵務系統最重要的發展之一。郵務路線的時間一旦固定下來後，可預測性便成為透過該郵務系統寄收訊息（無論是以楔形文字泥板、手寫信件或印刷明信片的形式呈現）的核心要素，而且接下來數千年都是如此。[31]

然而，郵務系統不光只有投遞路線這個元素，還有收取、整理和投遞郵件所需的基礎設施和人力，要在預算內做到上述所有的事。數百年來，各國政府都有找到自己的解決辦法，確保郵件可以順利被寄出和投遞。美國郵政在一九〇九年出現一千七百萬美元的赤字時，就利用全球瘋明信片的浪潮來增加收入，這也是將虧損變成盈餘的其中一種方法。

可是，明信片究竟有什麼特點，讓它們如此吸引人？明信片為人們提供了什麼，是楔形文字泥板、訊息棒、羊皮紙和信件從來沒提供過的？

首先，明信片的寄件者或收件者不用隸屬於某個社經階級。明信片是最早具備這項特性的通訊手段，因為它很便宜，而且從早期就將郵資包含在內，以確保投遞成功。歷史學家法蘭克．斯塔夫表示：「（在二十世紀初的歐洲）咖啡廳和露天餐廳等場所常可看見郵差背著郵箱，一桌一桌兜售照片明信片和郵票。郵差會等待人們寫好訊息，當場就把明信片寄出去。」[32]此外，明信片的生產規模也是以往其他通訊形式不曾有過的。明信片建立了人與人的連結和聯繫，而且是反覆不斷地進行，無論是傳教活動、廣告或觀光景點，明信片所能滿足的通訊區位五花八門，是信件、信封或泥板不曾做到的。另外，明信片剛問世時，真的非常稀奇。

跟大部分的通訊技術一樣，我們口中所說的「明信片」，其實是在很多不同的時間地點下各自獨立發展出來的。在每一個例子中，它們都符合特定的文化規範。[33]愛德華時代的作家詹姆斯．道格拉斯（James Douglas）在一九〇七年便打趣地說：「三十世紀的考古學家挖掘倫敦的遺跡時，一定會把照片明信片當作認識愛德華時代精神的最佳指南。他們會蒐集和對照無數張這樣的紙，然後從這些幸運保存下來的怪異符號和圖像當中，重新建構出我們的時代。」[34]

到了二十世紀初，明信片以驚人的速度在美國、加拿大、英國、歐陸，以及部分亞洲和南美洲地區被製造、販售和寄送。一九二〇年，全球人口大約是十七億五千萬人，但在世界各地流通的明信片數量卻遠遠超過這個數字，沒有其他任何的有形通訊或藝術形式，能像明信片般在世界人口中如此廣泛地散布。

明信片——就連「過時」或具有歷史意義的明信片——是如此普遍，乃至於美國電視節目《古董大觀》（*Antiques Roadshow*）的收藏鑑定人魯迪．弗朗奇（Rudy Franchi）在二〇〇四年都說：「我想，本節目收到最多的古董應該是明信片。」[35]接著，弗朗奇也以一貫的客觀評價說到，大部分的明信片雖然年代久遠，但是通常價值二十五美分到一美元之間（雖然有的可能更有價值）。所以，收藏明信片顯然跟金錢無關，而是關乎一種感性或懷舊的心情。

明信片雖然在二十世紀初拯救了美國郵政，但它們的故事絕對不僅僅是大型政府機關的權宜之計。明信片會如此成功，是因為能善用郵件投遞路線和郵資等元素，這是有著數千年歷史的社會基礎設施，以及它們極為輕量便宜的特點。因為如此，明信片建立了史上第一個擴及全世界的社交網絡。

第二章

明信片的量產

墨水、紙張、印刷，以及參與感，構成個人化明信片

明信片雖需要仰賴紙張、墨水和印刷技術不斷反覆地相互作用，但還有一個獨特的元素，使它們有別於其他形式的大量印製媒體——「參與」是明信片之所以為明信片的必備條件。

我的筆停留在空白的訊息欄上方。

我在eBay找到兩張猶他州（Utah）的歷史明信片，便衝動買了下來，想寄給住在猶他州聖喬治（St. George）的外祖母和普洛伏（Provo）的外甥女，覺得她們應該會很驚喜。現在，我正在思索該寫些什麼。

兩張明信片的正面色彩都非常明亮鮮豔，其中一張描繪楊百翰大學（Brigham Young University）校園裡被綠蔭環繞的道路，另一張則使用亮橘色的方塊字寫著「來自猶他的問候」（請見第9頁圖3），周圍描繪該州最具代表性的建築和景觀。兩張明信片都是用類似亞麻布的紙張印製，放在燈光下可見一絲一絲纖維垂直編織的紋路。書寫訊息和地址的那一面，有以幾行字說明正面的圖像故事，並表明柯特・泰希公司擁有彩色印刷技術（C. T. Art-Colortone）和相關專利（© Curt Teich & Co., Inc.）；空白的訊息欄有點泛黃。

我上網使用紐伯里（Newberry）圖書館的柯特・泰希收藏資料庫（Curt Teich Archives Collection）查詢兩張明信片的序號，得知它們是在一九三七到一九四一年間印製的。這些明信片不只見證了歷史，它們本身就是歷史。我不敢相信我竟然真的在考慮要把一張八十六歲的古董明信片寄給外甥女，背面寫下「哈哈，我看到這個，想到了妳！希望妳學期一切順利！」之類的字句。

我算什麼歷史學家！竟然會把有著幾十年歷史的明信片從塑膠套裡拿出來、貼上郵票、投入信箱？我在乎的不是錢（一張大概二點九九美元左右），而是原則。這些明信片被保存了幾十年，我卻準備讓它們接受美國郵局粗暴的對待。

於是，我猶豫了。

我並不是買不到柯特．泰希公司出品的歷史明信片，畢竟網路上到處可以買到這些新舊狀況不一的卡片；賣家販售的明信片有的沒寫字，有的有寫字。多花一點時間瀏覽eBay和Etsy，就知道柯特．泰希公司的明信片多得不得了。歷史學家傑佛瑞．梅克（Jeffrey Meikle）估計，在二十世紀的六十年間，柯特．泰希公司位於芝加哥（Chicago）的工廠大約生產了十億張明信片。而且，這樣大規模印刷明信片的公司不只有柯特．泰希，拉斐爾．塔克父子公司、底特律印刷公司（Detroit Publishing Company）、阿爾弗雷德．霍爾茲曼公司（Alfred Holzman Co.）都是很受歡迎的印刷業者，更別提歐洲和世界上其他地區的眾多印刷公司。歷史學家粗估，在二十世紀的前十五年，光是德國的六十間明信片工廠就雇用一萬兩千名以上的員工，法國則有三萬名。這些位於全球各地的工廠使得明信片可以大量印製和重製。

這些大量製造的明信片，以獨樹一幟的方式結合了藝術與物質文化。明信片是複製品，一而再、再而三地重製藝術和圖像（早期的明信片沒有圖像，只是用來傳遞簡短訊息的實體物件）。批評者嗤之以鼻地說，一旦明信片出現圖像，就變得庸俗。可是，明信片卻有一種無庸置疑的魅力。

哲學家和文化評論家華特・班雅明（Walter Benjamin）在《機械複製時代的藝術作品》（*The Work of Art in the Age of Mechanical Reproduction*）主張：「『真實』的概念超出了技術性的……複製能力。複製品創造出許多副本的同時，以多重的發生率取代獨一無二的發生率。唯有當複製品能夠接近理解它的那個人所處的境地，被複製的東西才會實現存在的目的。」[1]換句話說，一件複製品（如一張明信片）雖然不是絕無僅有的藝術品，卻有能力喚起觀眾的某種感受（班雅明稱作「靈光」）。這樣的能力是明信片受歡迎的主因之一。

作家塞萊斯特・奧拉爾奎亞加（Celeste Olalquiaga）在《人造王國：庸俗體驗的寶庫》（*The Artificial Kingdom: A Treasury of the Kitsch Experience*）說道：「大量激增的副本，只要跟原始、創始的物品有所關聯，便會終結本真性。矛盾的是，大量複製其實有助於重申物品的獨特性——那通常被認為跟本真性有關，由圍繞在特定體驗和事物的『靈光』表現出來。」[2]

但是，明信片不必單獨存在或獨一無二，也可以是受歡迎且有實用性的藝術，即使它們往往十分庸俗，不像平版印刷的摹本或副本，明信片甚至不會讓人想知道原稿與副本之間的差異。明信片純粹就是複製的藝術，可是每一張明信片、每一個複製品都有獨一無二的歷史。明信片讓各個社經階級都能負擔得起、輕鬆取得，為人們帶來可靠便宜的通訊方式。

明信片是十九世紀中葉歐美各地生產現代化與機械化的產物，因此它們的歷史跟工業、科技和資本主義脫不了干係。明信片是二十世紀大眾消費主義和大量製造的完美象徵品，這從生產明信片會使用到的墨水、紙張和印刷機便能證實。

我在 eBay 找到的那些柯特・泰希明信片，在它們被印出來的好幾百年以前，明信片就已開始量產，一切要從約翰尼斯・古騰堡（Johannes Gutenberg）這個人說起。古騰堡發明了活字印刷機之後，從根本上改變了資訊流通的方式。古騰堡的活字印刷術讓一個文本可以經過組合、印刷、拆解等程序，資訊傳播的速度比以往一次只能手抄一份文件、法典或手稿還快。這種印刷技術的問世，讓文本可以大規模介紹給讀者，是前所未見的。[3]

古騰堡並不是想到印刷機的概念或甚至發明印刷機的第一人。在他發明活字印刷術之前，歐洲的印刷業跟中國一樣是使用雕版印刷，可以複製內容一模一樣的文本。古騰堡也不是第一個使用活動或金屬字塊的人，中國的畢昇在一〇四一到一〇四九年間發明了活動的黏土字塊，而韓國的印刷機也比古騰堡早一兩百年，在印刷術引入歐洲的五十年前便開始運用金屬字塊。[4]

所以說，古騰堡的印刷術能夠獲得如此崇高的成就，不只與可輕鬆移動字塊的設備有關，也跟墨水有關。歷史學家柯林．布洛伊（Colin Bloy）在《印刷墨水的歷史》（*A History of Printing Ink*）提出：「我們應該……記住，古騰堡發明的油墨，就跟它的金屬活字和印刷機一樣重要。」[5] 早期，雕版印刷使用的墨水是一種以水為基底的稀薄液體，跟手寫使用的墨水差不多。例如，西元二五一年的中國有一份黑色墨水的配方，指示調配者在缽中混合燈黑（lampblack，煙灰製成的顏料）和樹脂，調成糊狀。混合好的溶液會倒進模具裡乾燥，然後以墨水顏料和黏合劑製成墨條販售。印刷師傅會把墨條放在一塊下凹的石頭上，加水調成墨水，再把墨水塗在雕版木塊上；墨水的濃度可以透過添加的水量來控制（最早的墨條可以追溯到超過一萬年前的中國新石器時代）。這種以水為基底的墨水很適合用在牛皮紙、羊皮紙和雕版印刷的木塊上，但是塗在古騰堡的金屬活字上立刻就流掉了，不可能吸附在金屬字塊上，印在紙上看起來會是一團一團的。

古騰堡的金屬字塊需要使用不同基底製成的濃稠墨水，才能成功附著在上面。於是，古騰堡使用類似當時畫家所使用的油，發明一種以油為基底的墨水，類似亮光漆或油漆，而不是抄寫員使用的那種墨水。能製作出這種以油為基底的墨水，表示古騰堡很熟悉跟松節油（turpentine）、琥珀（amber）和山達脂（sandarac，北非一種類似檜木的小型樹種產生的樹脂）搭配使用的那種油性亮光漆。歷史學家泰迪・畢夏普（Ted Bishop）在《墨水的社交生活》（*The Social Life of Ink*）說道：「就像繪畫大師會自己調顏料一樣，古騰堡也自己製造墨水。」[6]

《古騰堡聖經》所使用的黑色墨水光滑均勻，裡面除了含碳，還有具反射性的石墨顆粒以及高含量的銅、鉛、鈦和硫，使得墨水不僅顏色濃烈均勻，還帶有反射光澤。這種油會被製成適合用來印刷的墨水，除了濃稠之外，以油為基底的墨水乾燥的速度也比較一致且快速。

在某些早期印製的《聖經》中，古騰堡曾嘗試使用一種以上的顏色進行印刷，以及在特定經文的開頭和結尾使用紅色。然而，多色印刷最後被捨棄了，因為只印黑色效率較高。不過，在接下來的幾百年裡，使用多種顏色印刷確實成為展現高超印刷技巧的方式，雖然這種做法很不容易。[7]早在一九六七年，柯林．布洛伊便點出墨水技術一直不斷在變遷：「墨水的製造，近年來在色彩的領域大有進展，大體上要歸功於顏料製造者的努力，今天的彩色墨水比從前還要鮮明好用。墨水製造商可在墨水中濃縮更多顏料，故可以使用更薄的薄膜；戰爭（二次世界大戰）過後，螢光顏料問世；近年來在氟化物化學工業的進展，也承諾在不遠的將來能夠生產出更令人驚豔的顏料，金屬顏料不再是個問題。」[8]換句話說，隨著顏料技術和化學工業持續地進步，印刷墨水可以應用的色彩愈來愈多，這些新式墨水實際的附著能力也愈來愈強。

除了墨水和活字，古騰堡的印刷術也跟印刷的紙張有關。大約兩千年以來，人們書寫文件、手稿和書籍的主流媒介為羊皮紙。過去的人認為，東西想要永久保存，就必須用羊皮紙寫下來。記者馬克．科蘭斯基（Mark Kurlansky）在《紙的世界史：承載人類文明的一頁蟬翼，橫跨五千年的不敗科技成就》（*Paper: Paging through History*）寫道：「羊皮紙是手寫文件和手稿時使用的，印刷則是只能使用紙張，因此人們對紙張的需求大幅增加。紙張不再被視為只能用來草草寫下不重要事物的低品質媒介。」[9]從這一刻開始，紙張在歐洲印刷史上佔據有別以往的地位。

紙張最基本的組成方式，就是把經過分解的纖維素纖維跟水混合後再稀釋。從古至今，製造紙張的纖維素纖維來源從木材、樹皮、草、棉花、蠶絲、甚至是水草都有（法國化學家安塞姆・派恩（Anselme Payen）在一八三八年「發現」纖維素，化學通式為$C_6H_{10}O_5$，但是人們早在好幾千年前就知道這個東西的存在）。將纖維素和水的混合溶液舀在一片濾網上瀝乾，會留下極薄的一層物質，那就是紙。

歷史上普遍認為，紙是在西元一〇五年由中國漢朝一位名叫蔡倫的太監發明的，但考古學家曾在中亞發現更古老的紙張，將造紙的源頭更往前推。從發明之初，造紙就是一項需要不斷微調、以配合墨水特性和紙張用途的技術。一四五五年，古騰堡印製完成一百八十本左右的《聖經》副本，展現出藝術、科技、工藝、工業和科學之間互相依賴的關係。一本《古騰堡聖經》有一千兩百八十六頁和兩千五百個字塊，每本要價三十基爾德（guilder），而且在十五世紀只能用預購的方式取得。每本《聖經》重達將近十四磅（約六公斤）。科蘭斯基表示：「印刷讓紙張有了地位。人們發現，紙張也能長久存在，是很重要的材質，而這樣的感性到今天仍然存在。」[10]

所以，「印刷品」其實是跟紙張、墨水以及如何結合兩者的無數決定的總和。從歷史的觀點來看，所謂的「印刷品」不是較早期的中世紀手寫稿件，就是後古騰堡時代的印刷機生產的文本。印刷這個詞可以指訊息傳遞的方式，也可以指將作者和讀者（寄件者和收件者）連結起來的實體物品。此外，印刷也是一個社會過程，會在成品（印出來的東西）和創造該成品不可或缺的物質文化中留下印記。

歷史學家瑪麗莎・尼克西亞（Marissa Nicosia）向我解釋：「媒體向來都具有社交性質。近現代的印刷技術是為了連結人與想法，以及讓人互相連結而存在，而這些技術非常成功地達成了這個目標。印刷術在既定的社交網絡中穿梭，並讓這些網絡得以擴展。」[11]

古騰堡的時代經過了數百年後，印刷術跟印刷機、字塊、紙張、文件、墨水與化學魔法一起確保了媒體可一再重製。明信片利用這項技術一百五十年之久，但絕對不是第一個這麼做的媒體。

古騰堡的印刷術讓大量印刷成為可能之後，人們便開始思考要印什麼東西。《聖經》

是不用說的，書本當然也是。古騰堡甚至曾經中斷《聖經》的印刷，來印製利潤更高的宗教贖罪券。然而，因為出現這種可讀完即丟的便宜印刷材質，各式各樣的文本類別也跟著興起，如歌謠、大開印刷品、小冊子和戲單。這些時效性短的印刷品完全改變了人們消費和閱讀媒體的方式。幾百年後，明信片也是如此。

世界各地都找得到讀過即丟的便宜印刷品。到了十六世紀後半葉，任何印刷品只要不是屬於「真正」的書，其壽命都不長。這類廉價的傳播物品印出來、被人購買後，不久就會被丟棄。這是瞭解明信片在三百年後如何被印製、消費和流通的最好歷史實例。

歷史學家泰莎．瓦特（Tessa Watt）認為：「要研究印刷對英國造成的影響，一定要談到歌謠，這個最早普及、人人都買得起的印刷品類型。」歌謠的印刷品深受所有社會階層的喜愛，不管是酒館、市場或貴族仕紳的宅邸，都找得到它的蹤影。「倫敦的印刷廠曾經印製出數以千計的歌謠，這些不只會被拿來讀，也會配上廣受歡迎的旋律吟唱出來。」[12]

在十六世紀的後半葉，英國大約出版了三千首歌謠。瓦特估計，假如兩百份是印刷業者會考慮進行字塊排版印刷的最小印量，那表示當時至少有六十萬份歌謠印刷品在流通。假如每一刷次的量更大，介於當時書本常見的一千到一千兩百五十份，那麼副本的數量總共會有三到四百萬左右。而且，這還只是假設每首歌謠只印刷一次——若是受歡迎的歌謠，可以假定印刷次數不只一次。[13]

跟歌謠一起流通的，還有頗受歡迎的單面大開印刷品，作為公告使用，相當於今天的新聞報紙或廣告傳單。大部分的大開印刷品要價一便士，也有不少只要三分之一到二分之一便士。英國作家亨利・皮查姆（Henry Peacham）在一六四一年的專著《一便士的價值》（*The Worth of a Penny*）說道：「只要一便士，你就可以在馬丁・帕克（Martin Parker）的歌謠裡得知英國所有的新聞，無論是謀殺、水災、女巫、火災、暴雨等等。」[14]但最重要的是，這些東西從來不是要給人收藏的。書籍可以用來收藏和展示，帶有一定的文化意涵和嚴肅性質，但是廉價印刷品則僅止於閱讀，而不會被保留。

然而，廉價印刷品也是為了在市面上流通而製造，其生產和散布的規模非常龐大。瓦特說：「廉價印刷品的銷售，特別仰賴各種經常旅行的人所形成的網絡，包括吟遊詩人、大開歌謠小販、中場休息表演者、沿路叫賣的販子等。」[15]歷史學家瑪格麗特・斯布福德（Margaret Spufford）曾仔細列出一六九七至九八年間英格蘭和威爾斯（Wales）專賣廉價印刷品的叫賣販子在哪裡得到執照。例如，倫敦就有超過五百個有執照的叫賣販子，而且銷售執照的密度，跟貿易和郵務路線吻合，顯示印刷品光是印出來是不夠的，還必須送到讀者手中。[16]這種有效銷售廉價印刷品的模式將延續到數百年之後——城鎮因為有明信片代理商和批發商，才能順利向大公司委託製造當地的明信片，而商家也是透過這種方式為消費者取得明信片。[17]紐奧良（*New Orleans*）的報社《時代與民主》（*Times-Democrat*）在一九〇九年一月二日寫道：「全美幾乎所有的城鎮都有自己的明信片樣式和明信片業者。」[18]

到了十六世紀末，這種一次性的廉價印刷品不僅流通量增加，還需要各種制度和社交網絡來協助傳播。在古騰堡之後的數百年間，廉價印刷品在歐洲各地變得無所不在，各個社會階層都會購買、閱讀、散播這類印刷品。[19]人們閱讀、使用、流通和處理廉價印刷品的方式，為數百年後明信片找到自己文化定位的過程奠定了先例。

二十世紀初，世界各地冒出許多明信片公司，以應付人們對印刷照片明信片無底洞般地需求。美國的柯特．泰希公司成為二十世紀中葉最具代表性的主流明信片公司之一，隨便找個人形容一張典型的明信片，他們有很高的機率會挑選類似柯特．泰希公司生產的，即使他們不知道這間公司的名稱。

歷史學家傑佛瑞．梅克在《明信片上的美國：柯特．泰希與一國的形象塑造》（*Postcard*

America: Curt Teich and the Imaging of a Nation）說道：「亞麻風景明信片上的縮小版圖像……在經濟大蕭條和二次世界大戰這個充滿不確定的時期，把美國描繪得彷彿擁有閃閃發光的大好前程。這些明信片色彩飽和，呈現了受歡迎的美國景色，是解析度差的報紙照片、對比度高的《生活》（*Life*）雜誌照片，或多蘿西．蘭格（Dorothea Lange）和沃克．伊凡斯（Walker Evans）等攝影師刻板的寫實攝影作品沒有呈現出來的。」[20]

柯特．泰希公司出品的明信片在芝加哥製造和運送，多虧有這間公司的創新印刷技術和容易辨識的類亞麻布紙張（史學和明信片領域的文獻常常把這些稱作「亞麻明信片」），才能成功創造出連貫集體的美國美學。從一九三一年到一九五〇年代初期，柯特．泰希公司大約發行了四萬五千種不同的明信片，上面印有美國某個地方的獨特景致，從自然景色到一望無際的城市景觀都有。柯特．泰希明信片似乎為美國提供了藝術方面的一致性（無論是不是真實的），跨越了地理和社會階級的距離。

柯特．泰希明信片的故事，當然要從柯特．奧圖．泰希（Curt Otto Teich）說起。柯特在一八九五年從德國移民到美國芝加哥，他的祖父弗雷德里希．泰希（Friedrich Teich）是洛本施泰因（**Lobenstein**，位於今天德國中部的優美小鎮，靠近波蘭邊界）的公務員和詩人，同時經營一間印刷店並發行一份報紙。從一八九〇年代晚期到一九一〇年代，泰希大家族的印刷店生產了許多家鄉的明信片，上面以流暢的草寫字體寫著「來自洛本施泰因的問候」，並傾向呈現有些做作、寧靜美好的田園景致，偶爾則會出現建築物，或以該城鎮具代表性的建築為主題。這些明信片的製造方式，跟十九世紀晚期其他數億張流行於世界各地（特別是歐洲、俄國和美國）的明信片類似，都是使用平版印刷技術，但是卻有它獨特的藝術風格。[21]

柯特・泰希來到芝加哥後，找到一份印刷工的工作，同時也多虧他的兄弟馬克斯借錢給他，讓他開始建立起印刷生意，跟報章雜誌合作。柯特・泰希公司初創時，比較像是德國明信片的供應商，進口明信片在美國銷售，自行製造明信片是後來的事。但是泰希身為印刷業者，自然能夠好好探索剛開始在美國崛起的新星市場——彩色平版印刷紀念明信片。當時，人們對明信片的熱忱愈來愈高昂。

到了一九〇四年，泰希開始在美國嘗試印製自己的明信片，使用傳統的平版印刷技術。這種印刷法會使用以石灰岩或金屬製成的光滑平臺平版，將圖片或文字刻在平版上，接著使用油墨轉印到紙上。說得更明確一點，圖片或文字會先使用一種以油脂為基底的媒介（如蠟筆）畫在平版上，這樣才能經得住接下來水和酸性物質的多次洗禮。接著，平版會經過弱酸性的阿拉伯膠溶液處理，但是溶液不會依附在以油為基底的顏料上。最後，平版會被沾濕，上面被溶液刻蝕的部分會留住水。

再來，印刷工會把墨水滾過平版，被水和阿拉伯膠溶液飽和的部分會產生排斥，因此墨水只會依附在平版上具有排水性的部分，進而轉印到空白的紙張（順帶一提，平版印刷術在一七九六年發明時，最初是為了印製便宜的劇場作品，這樣不用花費很多成本，就能讓這些作品快速地在市面上流通）。這樣一來，圖片和文字不但可以轉印到紙張上，還可以轉印好幾百次。彩色平版印刷術在十九世紀中葉極受歡迎，被用來印製軍事地圖和表演傳單等各式各樣的內容。十九世紀的明信片製造商，大部分都是使用某種類型的平版印刷術，以便重複印製相同的圖像。

就如同古騰堡的活字印刷術，要應用早期的平版印刷技術，也必須瞭解印刷墨水的化學原理，以及為同一個東西製造多個副本的方法。平版印刷術很快就成功使用多種顏色印出圖像，這是更早期的印刷術一直難以做到的成就。雖然在平版印刷術問世不久後，人們就開始嘗試使用多種顏色進行印刷，但到了一八三七年，印刷業者才終於成功擺脫單色印刷的時代。然而，顏色的複雜度提升，印刷設備的複雜度自然也跟著提升。每一種顏色都要有自己的平版，每添加一種不同的顏色，紙張就得進印刷機一次，讓整個印刷程序增加一個步驟。

梅克指出：「傳統的平版印刷使用的是水平的平臺，即使機械化之後，一個小時的印量也無法超過兩百五十張。」這為明信片的印製帶來嚴重的問題。「此外，平版磨損的速度很快，導致底特律印刷公司（柯特・泰希公司當時的競爭對手）必須不斷為暢銷明信片製作新版，因為要印出他們明信片那種獨家機密的絲滑色澤，製作過程通常會用到九或十塊平版，偶爾還多達十五塊。」[22]

柯特・泰希公司開始努力提升印刷明信片的質量時，遇到了一些圖像清晰度和墨水化學方面的技術問題。他們嘗試了半色調的印刷風格，結果印出來的東西品質奇差（特別是跟前幾年向德國進口、品質極佳的明信片相比），導致明信片銷量不好。半色調印刷是透過大小不同的墨點來呈現純色錯覺的一種技巧，可以減少每次印刷需要的墨水量，但會降低圖像細節的清晰度。事實上，這些明信片的銷量差到讓柯特・泰希公司在一九〇七年負債七萬五千美元，相當於今天的兩百萬美元。

然而兩年後，柯特・泰希的公司成功重新獲利，因為當時新制定的派恩-阿爾德里奇關稅法（Payne-Aldrich Tariff），讓公司得以跟數十年來把非常便宜的明信片出口到美國的德國販售商削價競爭（別忘了，美國郵政這時正面臨財務危機，希望透過明信片自保）。除了新關稅帶來的助力，柯特・泰希公司也發明一項創新印刷技術，稱作膠版印刷術，可以用更好的彩色印刷品質印出明信片上的風景。[23]

膠版印刷術大大改變了柯特・泰希公司把墨水轉印到紙張——或者應該說把圖像轉印到明信片——的方式，透過高速的輪轉印刷機使用鋅版（而非傳統的石灰岩版）和三個長長的圓柱型滾筒，把紙張滾過機器。傳統的平版印刷術是把墨水直接塗在平版上，再把紙張蓋在平版上。然而，膠版印刷術是把墨水塗在平版上，再將墨水轉印到一個橡皮表面（印製明信片使用的是橡皮滾筒），最後再將紙張壓過滾筒，完成印刷。中間多加橡皮表面這個步驟，便是這項技術被稱作「膠版印刷」的原因。這項技術使輪轉印刷機可以用比以往更快的速度、更好的品質把明信片印在紙上，產出更乾淨、更清晰的圖像。[24] 此外，膠版印刷術還能利用同時色彩明亮的新式墨水，這剛進入印刷市場，整個過程使用的墨水更少，非常受到雜誌、報紙、當然還有明信片印刷廠商的歡迎。

到了一九〇九年，柯特・泰希公司已經準備好生產美國人想要寄送的明信片，並進行大規模印刷。然而，泰希雖然從德國進口了新的印刷設備，卻發現生產明信片所需要的印刷機就是無法取得；於是，泰希委託紐澤西州（New Jersey）伊麗莎白的華特・司各特公司（Walter Scott Company）建造一臺可以印製三十八乘以五十二英吋紙張的印刷機。柯特・泰希公司持續改良印刷工序，等到公司在一九一〇年接下第一筆大宗訂單時，他們已經研發出印製大量高品質明信片的流程（除了實驗各種印刷技術，該公司也聘請藝術家在各種媒體材質上著色。例如，一九〇六年九月十一日，他們在《芝加哥論壇報》（*Chicago Tribune*）廣告徵求「為皮革卡片上色的年輕女子」）。[25]

柯特・泰希公司所有的明信片都是從一張照片開始的，將圖像從照片轉移到明信片需要很多人力和時間。一旦有城市或公司委託製造明信片，訂單就會先來到柯特・泰希公司的排字和修片部門，產出明信片正面文字和背面說明的內容。接著，圖像會交給修片藝術家，他們會參考原始照片，使用裝有細字貂毛筆的噴槍直接在照片的副本噴上顏色。照片上色後，藝術家會黏上一層半透明的橡膠膠合劑。圖像的部分區域會用薄紙遮住，以噴上不同的顏色，加強圖像的色塊對比，（一九一〇年，柯特・泰希公司為了徵人，跑到紐約市和聖路易斯（St. Louis）發廣告，要招募「平版印刷的點刻師和蠟筆繪圖師」，可以在公司擁有「穩定的職位」。）[26]只要上色上多一點，色彩就能更鮮明，接著藝術師會加強邊線和細節。

以上這些工序，都是為了讓柯特・泰希公司的工廠有「原始」圖像，然後可以進行後續的平版和膠版印刷流程——這些都屬於彩色印刷，因為有用到多種顏色。[27]記者班・馬克斯（Ben Marks）說，有一些明信片銷售商（像是在美國西南部賣明信片的G・I・皮奇福德（G. I. Pitchford）」發現，拍攝適合製成明信片的原始照片很有賺頭，因為他們「有很多機會停在路邊，拍下他們認為——不，是確信——可以做成暢銷明信片的展望、建築或風景。」[28] 馬克斯在《收藏家周刊》（*Collector's Weekly*）寫道：「皮奇福德的正業是賣明信片，而根據所有的記載，他非常擅長這件事。但對他來說，拍攝照片並為修片師寫下詳細地指示，是他的成就中不可或缺的元素。」[29] 城鎮寄來的照片「往往乏味得很」，但柯特．泰希公司的藝術家卻能透過一張一張的明信片，把美國變得有趣無比。[30]

在一九一一年，柯特．泰希公司在當時芝加哥最北邊的新工業區建了一座三層樓的磚造工廠。到了一九一二年，柯特．泰希公司已經能夠供應明信片給沃爾沃斯超市（Woolworth's），以一打十美分的價格販售——他們供應的明信片數量，最後達到數百萬張之多。短短幾年內，柯特．泰希公司實際上壟斷了整個明信片量產的市場，導致其他美國明信片製造商紛紛倒閉。〔例如，一九一三年就有十五家美國明信片印刷業者停業；到了一九一四年，全國明信片製造商協會（National Association of Post Card Manufacturers）已經不再舉辦年會。〕[31] 到了一九二二年，這間工廠已無法應付不斷成長的公司，柯特．泰希公司便擴展為五層樓高的磚造工廠，將製造廠（早已不是單純的印刷店）往東擴建到對街；新工廠採用工業規格的作業流程，有藝術和攝影的專門樓層，前兩層樓更有容納三十臺印刷機的機房。[32]

然而，彩色印刷和紙張的變化很多，需要做出成千上百個決定，在過程中微調讓墨水印到紙張上的程序、研發的每一步驟，都是不斷實驗與調整的結果。柯特．泰希公司雖然很早就研發出使用油墨進行膠版印刷的技術，但這並不表示他們就不再實驗新的墨水、紙張和印刷技術。例如，他們在一九二〇年代晚期就曾經嘗試使用法國印刷商尚．伯特（Jean Berté）所發明的水溶性墨水，這種墨水比較稀薄，聲稱可以印出比平版印刷的墨水更濃豔、鮮明的色彩。然而，水性墨水很難附著在金屬平版上，這就是當初古騰堡發明的油性墨水在歷史上意義如此重大的原因。為了讓水溶性墨水依附在明信片上，並符合柯特．泰希公司的生產規模，印刷過程的某個元素一定要改變，那就是紙張的紋理。梅克表示：「經濟、科技、美學等多重因素一起創造這項改變，讓過去二十年的半色調平版印刷明信片成為過時的產物，它們銳利的輪廓和淡淡的藍色與粉色色調也跟著走入歷史。」[33]

在一九一〇到一九二〇年代之間，新研發的鮮豔水溶性墨水印在平坦的紙張時會滲透進去，時間久了便會黯淡褪色。為了讓紙張有更多表面積，泰希嘗試使用凹凸滾輪，在紙張上留下紋理，進而加快乾燥速度，這樣一來，墨水就沒時間擴散、滲透、最後消退。

這種有紋理的紙張看起來很像亞麻布，因此對追求新穎亮麗色彩的印刷業者來說，所謂的「亞麻明信片」便成為首選。這種創新的紙張材質不僅是善加利用新式墨水的好方法，墨水和印刷技術的改變，也意味著每張明信片需要用到的墨水更少了，因此柯特．泰希公司的製造成本又進一步減少。[34] 儘管泰希不斷地實驗新的明信片印刷技術，他仍堅持這些類似亞麻布、色彩鮮豔的明信片售價不能超過一美分。

有著凹凸紋理的印墨明信片不僅成為柯特．泰希明信片的代名詞，也是其他想仿效他們的印刷業者的同義詞。有趣的是，柯特．泰希明信片雖然如此經典，我的家族明信片收藏竟然連一張柯特．泰希的產品都沒有。我認為，我的外曾祖母瑪麗．維吉尼亞．史都華（Mary Virginia Stuart，羅伯特．博爾斯的妻子）應該懂得夠多，也很時髦，會寄發柯特．泰希公司的明信片，只是她的通信對象沒有跟上柯特．泰希的熱潮，所以她才沒有收過這間公司的明信片。不過，我倒是有找到來自全美各地的明信片，它們反映了明信片科技與製造的變遷。

從那個裝滿明信片的鞋盒裡，我可以明確看出印刷技術的變遷。開始翻閱一九三〇和一九四〇年代的明信片時，一九一〇和一九二〇年代的平版印刷明信片看起來的確褪色比較明顯，帶有粉紅色調。當然，這些印刷技術的差異，就是明信片收藏家和行家為歷史明信片定年的方式，他們能夠說出一張明信片是如何開始在市面上流通，最後出現在家族收藏或機構館藏中，或是純粹被歷史的洪流給帶走，那樣的人是一種截然不同的偵探。

然而，這種對於明信片量產的需求，並沒有逃過早期明信片批評者的法眼。在批評者的眼中，明信片不但是庸俗的「藝術」，還是庸俗的通訊方式。一九〇六年，約翰・沃克・哈靈頓（John Walker Harrington）在《美國插圖雜誌》（*American Illustrated Magazine*）寫了一篇諷刺文章責備讀者，他稱明信片為「書信樹懶」，主要是因為二十世紀初期的明信片的來源和製造可以追溯到外國公司。事實上，哈靈頓的文章讀起來就像故作清高的文學評論，以及掩飾得不怎麼好的國族主義，他創造了「明信片炎」一詞，表示有數百萬人被市面上的數十億張明信片感染了一種病，並認定這種大量生產的媒體會造成道德淪喪。

哈靈頓譏諷地說：「明信片炎和各種收藏癖，正在美國居民之間大肆作亂。這些疾病的細菌逃過檢疫措施，藉由觀光客和移民的行李入境美國，正以驚人的速度繁殖。」不過，哈靈頓顯然認為，把廉價的印刷明信片跟從埃利斯島（Ellis Island）*入境的移民扯在一

＊譯註：從十九世紀末期到二十世紀中葉，美國移民局的機關就設在這座島嶼上，因此移民都從這裡入境美國。自由女神像所在的自由島就在旁邊。

起，還是無法表達他的想法，所以他最後又補充：「除非加以遏止，否則現在過著正常生活、沒有不良習慣的數百萬名美國人，都將因為追求流行而大腦退化。」[35]哈靈頓似乎選擇遺忘費城和全美各地的印刷業者、文具商已經印製明信片好幾十年了。此外，明信片在五年內讓美國郵政賺錢之後，不曉得哈靈頓又是怎麼想。

柯特．泰希公司的故事告訴我們，光是印製很多明信片是不夠的，真的要支配明信片市場，印刷量要非常龐大。也有不少公司從德國等地進口印刷明信片或自己印製明信片，但是柯特．泰希公司卻有辦法成功跟他們削價競爭。柯特．泰希公司坐穩美國明信片最大供應商的寶座後，接下來幾十年都沒有離開這個位子，即使美國後來對明信片的需求漸漸下降也是如此。

泰希在一九七四年過世後，公司賣給了雷根斯坦出版社（Regensteiner Publishers），他們繼續使用芝加哥的工廠直到一九七八年。那年，公司名稱和專利技術被賣給愛爾蘭（Irish）的約翰．亨德有限公司（John Hinde Ltd）。[36]在一九九〇年，工廠被改建成明信片公寓大樓（Postcard Place Lofts），至今仍可看見「C & T」的字樣清楚刻在前門上。[37]

我們要怎麼算出柯特．泰希明信片的規模和影響有多大？以數字來估算是相對直接的。芝加哥市區的獨立研究圖書館紐伯里圖書館，在二〇一六年獲得柯特．泰希公司的明信片收藏時，將一萬五千種不同的明信片、共四十萬筆紀錄進行編目。資料庫的網站聲明：「本收藏的核心為柯特・泰希公司的紀錄，其中包括超過三十六萬張該公司從一八九八到一九七八年間生產的圖像、超過十一萬份記錄公司明信片創造過程的製作檔案，以及其他公司紀錄。」[38]然而，這只有計算了被保存和放進資料庫的那些明信片，沒有計算五十年以上究竟印了多少張明信片。

柯特・泰希明信片資料庫的紀錄顯示，一種明信片一次通常會印製六千張，但是受歡迎的主題和明信片，常常一次會印製一萬兩千五百張或兩萬五千張（有些特別受歡迎的明信片，一次會印五萬張，但小型印刷商一次的印量應該較少）。梅克估計：「假設有十萬種不同的景觀照片，每種印製一萬張，那麼我認為至少有十億張明信片。」[39]記者喬妮・赫施・布萊克曼（Joni Hirsch Blackman）表示，這間工廠製造明信片的規模意味著，「在最高峰的那幾年，有十萬名員工每天輪值三個班，生產數百萬張明信片。」[40]

柯特・泰希公司可說是成功創造了美國史上最為人所知的明信片類型，被同行仿效、複製了好幾十年。八十年來，柯特・泰希明信片成為美國最具代表性的事物之一，固定使用「來自……的問候」等字樣，以活潑的大方塊字拼出美國各座城市的名稱。除此之外，這些明信片也紀錄了美國的日常風景，諸如飯店、學校、市政府機關等。今天，柯特・泰希明信片改成用一種很不一樣的途徑流通——機構資料庫和私人收藏，當代的線上展覽和鄉土歷史都會把柯特．泰希明信片作為社會文本使用。根據南達科他州（South Dakota）蘇弗斯（Sioux）當地的媒體《阿格斯領袖》（*Argus-Leader*）：「明信片將歷史網站變得多采多姿。」[41]歷史明信片是我們跟昔日社交網絡的實體連結，在過去的網絡之上建立新的知識網。

維克多．雨果（Victor Hugo）在《鐘樓怪人》（*Notre-Dame de Paris*）裡寫道：「印刷術的發明是歷史上最偉大的事件。思想印出來後即成永恆，有了看不見、毀不掉的隱形翅膀。」[42]我認為，明信片誠如雨果認真的文字所寫的——可以傳達「永恆的思想」，或許是有些牽強，但是從古至今曾在這個世界上流通的上千億張明信片，有一些出現在我的家族收藏裡，在我打出這段文字時擺在我的案頭上，這或許真的證實了，形式眾多的印刷品的確永恆不朽。

明信片的量產雖然需要仰賴紙張、墨水和印刷技術不斷反覆地相互作用，但是明信片還是有一個獨特的元素，使它們有別於其他形式的大量印製媒體：明信片需要有人在上面寫下收件者的地址之後，再放回時效性短的印刷品的循環中。明信片要成為明信片，就必須要有人購買並做出某些行為；換句話說，「參與」是明信片之所以為明信片的必備條件。

與明信片蘊含的參與感最為相近的例子是，來自截然不同的廉價印刷品類型——贖罪券以及其他要讓帝國順利運作而必須存在的印刷物。這類印刷媒體需要有讀者參與，才能實現它們的目的。

在約翰尼斯．古騰堡的印刷機故事中，焦點通常會放在他一四五五年成功印製《聖經》這件事，但在一四五四年，歷史上出現了最早使用活字印製出來的文件，也就是一份由三十一行內容構成的贖罪券，而極有可能就是古騰堡的印刷店生產的。這是古騰堡印刷機所印製的印刷品當中，在接下來數百年中得以留存下來的最早文件。贖罪券由羅馬天主教會販售，可以減少購買者在煉獄「服刑」的時間，這在中世紀很受歡迎。在十五和十六世紀，印製贖罪券非常賺錢，因此印刷業者往往會激烈爭取印製贖罪券的權利。因為印書不但複雜，還得花很多心力裝訂，但是印一份贖罪券卻不需要投注同樣多的資本（時間、資源與金錢）。

古騰堡所印製的這份贖罪券，由教宗尼閣五世（Pope Nicholas V）在一四五四年十月十二日於德國的艾福特（Erfurt）發行，紙上印有「1454」的字樣，看得出是用古騰堡的活字所印製。不過，有一點很關鍵，那就是贖罪券第十八到二十一行留有空白處，為了讓購買者手寫填入日期和名字（請見第11頁圖1）。[43]不是只有古騰堡印製的贖罪券才這樣，例如卡克斯頓印刷機〔威廉・卡克斯頓（William Caxton）在一四七六年把活字引進英國〕印製的贖罪券，也有手寫領券者名字和日期的空間。有人小心地親筆寫下「亨利・蘭里（Henry Langley）和他的妻子」以及「一四七六年十二月十三日」的字樣，將人跟那份印刷品連結在一起。[44]因此，贖罪券只有在跟領券者產生連結之後，才會成真。這種印刷品也需要有人參與，唯有在被填寫之後，才會受到完全的認可。

歷史學家珍妮特・英・費里曼（Janet Ing Freeman）解釋：「發行人會把印好的贖罪券交給外出旅行的教士。印刷可讓發行人不用雇用一堆抄寫員，他們的薪水會削弱教會的收入，同時也可減少製作贖罪券的時間，只要花費比之前少上許多的準備時間，就能讓教士販售更多贖罪券。此外，印刷贖罪券的內容和外觀非常相似，可確保每一份贖罪券都清楚易懂且內容正確。」[45]贖罪券的印刷規模十分龐大，但卻很容易就低估它們的普及性和網絡規模。歷史學家彼得・史塔利布拉斯（Peter Stallybrass）說：「在一五〇〇年，切法盧〔Cefalù，位於義大利的巴勒摩（Palermo, Italy）〕主教花錢製作超過十三萬份贖罪券；在一五一四年，雅各波・克羅姆貝格（Jacopo Cromberger）印製兩萬份西班牙文贖罪券，兩年後又印製一萬六千份。這些都只有記錄在公證檔案裡，沒有任何一份流傳下來。」[46]

同樣的，在歐洲忙著建立帝國的幾百年間，各種印製表格和問卷很快就成為將資訊流通標準化的方法。西班牙國王菲力普（King Philip）在一五七七年寄了一份〈需要回答的問題及應該考慮的事項之備忘錄〉的問卷到美洲，準備開始繪製地形景觀和原住民分布的地圖，並加以分析。問題整整齊齊地印成好幾頁，但是沒有留空間讓應答者寫下答案，雖然表格上的問題很顯然是希望得到回答的，例如：「首先，寫下西班牙人居住的城鎮位在哪一個地區或省分。在原住民語裡，這個地區或省分的名稱是什麼意思？為什麼要取這個名稱？」「這個地方的發現者和征服者是誰？是因為誰的命令才發現這個地方的？」[47]

像這樣的問卷是宣示和繪製帝國領土的形式之一，如同數百年後明信片上的照片、肖像和地圖一樣。問卷透過地理宣示了國家、屬地和殖民地的主權；數百年後，明信片也將沿著帝國境內相同的路線，在殖民地和核心地區之間來回往返。賓州大學（University of Pennsylvania）圖書館基斯拉克特藏善本古籍中心（Kislak Center for Special Collections, Rare Books, and Manuscripts）的歷史學家兼資深館員米奇・福拉斯（Mitch Fraas）說：「表格這種需要被填寫、時效性短的印刷品，通常不會被認為要保留下來，但卻真的可以讓人一窺帝國是如何進行日常事務的。」[48]

然而，可以用這種方式建立帝國，是因為古騰堡發明活字印刷術之後，歐洲出現了廉價的印刷表格，這些表格幾乎都沒有流傳到二十一世紀的今天。

彼得．史塔利布拉斯說：「我們或許可以把印刷的歷史想成『空白』的歷史（也就是需要手寫填入的印刷品）。」這個論點似乎意味著，印刷品需要有人主動參與。這樣看來，明信片恰好結合了廉價印刷品和量產商品這兩種屬性，且需要有人對這種印刷品做出行動。印刷品（尤其是大量製造的印刷品）是紙張、墨水和生產技術的總和，也是其文化脈絡的總和。印刷品具有社交性質，而印刷照片明信片則是全球社交網絡的第一個典範。

現在，回到二十世紀量產明信片的世界，我又看了一眼我在eBay買的那兩張柯特．泰希明信片。

我還在猶豫是不是真的要把明信片寄出去。可是不讓這兩張明信片流通下去，感覺不太對勁，但把明信片放回原本購買的包裝，裝在信封寄給別人，感覺又有點可笑。最後，我還是認為，它們如果真的要實現明信片的意義，我就必須填滿訊息和地址欄。未來說不定會有一位歷史學家挖出這張一九三七年發行的明信片，卻發現上面蓋了二〇一九年的郵戳，我想像他試圖釐清一切來龍去脈的樣子，禁不住笑了。要在背面寫什麼訊息，我想了很久，最後寫下：「嘿！這張明信片是一九三七年印製的！對了，祝妳期中考順利！！！」然後，我把明信片寄了出去。

我希望收件者能領悟到我的這份心意和這些文物的歷史，但是就算沒有，以後多得是明信片可以寄送。

第三章

公關與宣傳

相機與真實照片明信片的力量

假如將真實照片明信片比喻成IG，那麼當時的明信片自然會出現食物、寵物、口號或引句、朋友的照片，當然還有自拍。明信片宣傳品透過個人化和迎合群眾期待，反映出一個地方對某個全球現象的表達方式。個人印刷技術的興起，讓每個人都可以記錄自己的敘事和故事。

在一九一六年，伊薇特．博魯普．安德魯斯（Yvette Borup Andrews）打包好相機、底片、紙、玻璃板和一頂特殊的暗房帳，以官方攝影師的身分準備展開美國自然史博物館（American Museum of Natural History）的第一支亞洲動物學探險隊。

這趟為期十八個月的科學探險是由伊薇特的丈夫羅伊．查普曼．安德魯斯（Roy Chapman Andrews）所領導（有人說，他是印第安納．瓊斯（Indiana Jones）這個人物的靈感來源）。這趟旅程行經中國、西藏和緬甸，沿途蒐集各種動物標本，拍攝中亞的民族和景觀，同時試圖尋找化石，希望解決長期針對人族演化與智人起源所進行的辯論。

伊薇特在這次的探險以及一九二〇年代的第二次亞洲動物學探險（在這趟旅程中，科學家在蒙古的巴彥扎格（Bayanzag，又稱烈火危崖）發現了恐龍蛋）期間所拍攝的照片，讓大眾對美國自然史博物館的田野調查產生興趣，並強化他們對這些活動的支持。

簡單來說，她的照片以科學之名創造出一種冒險犯難的感覺，充滿危險、異域、旅行所具備的一切。這些影像為探險旅程增添真實感，也使他們從事的科學活動變得正當合理，是單純的遊記做不到的。不過，對我們現在講述的明信片歷史來說，重點是伊薇特帶在身邊的相機。

她帶了兩臺柯達3a號相機、一臺Graphic 4×5三腳架相機和一臺比較方便攜帶的

Graflex 4×5相機。這些都是旅行、探險、科學研究會用到的標準相機，非常普及，在必要時，探險隊最有可能在其他國家也買得到底片或玻璃板。安德魯斯夫婦在一九一八年一部描述他們探險旅程的暢銷著作《中國的營地和小徑》（*Camps and Trails in China*）表示：「累積大量田野經驗之後，我們發現4×5是最方便使用的大小，因為使用的玻璃板夠大，而且在世界各地比其他大小的板子還容易取得。柯達3a號『明信片』大小的底片也是如此，有賣外國貨的地方很少會買不到3a底片。」[1]

第一次亞洲動物學探險結束後，團隊除了為美國自然史博物館帶了逾三千個動物標本回來，還帶回一百五十張佩吉特（Paget）色板、五百張負片和一萬英呎長的影片膠捲。雖然我們現在已無從得知這趟旅程有哪些照片被沖洗成明信片、這些明信片又寄給了誰，但可以確定的是，伊薇特選擇使用體積較小又方便攜帶的柯達3a號相機，這種相機的底片短短幾分鐘就能裝好和卸下，影像可以直接沖洗在明信片的紙張上，非常符合當時全球攝影界的趨勢。

伊士曼柯達公司（Kodak Eastman Company）把柯達3a號的銷售對象同時鎖定在專業和業餘攝影師。這種相機十分普及，表示人人都有能力拍照，並將照片以明信片的形式寄出，而不只是專業攝影師。因此，使用柯達相機拍照、甚至製作明信片的人，也能成功在二十世紀的前二十年捕捉到許多日漸全球化的社會運動、充滿吸引力的科學探險以及政治動亂，這是報導、書信和其他文字傳播形式做不到的。

伊薇特・博魯普・安德魯斯透過攝影，協助塑造了二十世紀初的美國大眾對科學的看法，進而啟發好幾代的科學探險家。其實她創造出許多「宣傳照」，凸顯科學與探險的文化概念，在一九〇〇年代初期形塑了大眾對考古學和自然史的觀感。但她並不是第一個透過科學探險做到這點的攝影師。[2]

傳播學者加斯・喬維特（Garth Jowett）和薇多莉亞・奧唐納（Victoria O'Donnell）在《宣傳與說服》（*Propaganda and Persuasion*）說，「宣傳」一詞最中立的意義是「傳播」或是「提倡特定思想」，而數千年以來，人類持續提倡思想和意圖。然而，在過去四百年間，「宣傳」的定義愈來愈具貶義，喬維特和奧唐納認為，現在「把一則訊息歸類為『宣傳』，同時也暗指這是負面和不老實的。」[3]

歷史學家大衛・韋爾屈（David Welch）在《宣傳與集體說服：一部從一五〇〇年講

到現今的歷史百科全書》（*Propaganda and Mass Persuasion: A Historical Encyclopedia, 1500 to the Present*）的導言表示：「宣傳可能是公然或隱蔽的、黑的或白的、誠實或虛偽的、嚴肅或幽默的、理智或感性的。宣傳者會評估背景脈絡和觀眾，然後使用他們認為最適當有力的方法和手段進行宣傳。」[4]過去，這種控制通常以說故事和創造敘事的方式最有效，明信片便非常適合創造和傳播故事與敘事。

在一九〇〇到一九三〇年印製的數億張明信片中，很多都帶有明顯的政治訊息，聚焦在女性選舉權、武裝軍事衝突、國家和帝國的建立或者全球性的戰爭等等。英國前首相大衛・勞合喬治（David Lloyd George）在一九一一年提出國民健保法時，宣傳這項法令的方式之一，便是印製一批明信片，因為明信片是跟大量對象進行溝通最便宜有效的方法（史上最早出現的宣傳性明信片是在一八七〇年的普法戰爭期間所印製）。尤其是在美國，明信片比報紙、傳單或其他大量製造、大量傳播的媒體還要節省成本。

然而，要追溯二十世紀初宣傳社會運動或政治動盪的明信片中，所牽涉到的個別人物很不容易。不過，柯達3a號相機提供了完全不同類型的宣傳，是人們可以自行創造的一種媒體。因為有了使用明信片記錄和傳遞經驗的方式，任何人都能表達自己對周遭世界的參與，讓那些經驗變得更真實。韋爾屈認為：「假如我們可以擴大參考範圍，去除對宣傳一詞的貶義聯想，就會發現宣傳存在於二十世紀的政治本質之中。」5

這些明信片後來被稱作「真實照片」明信片，它們顯示宣傳素材不一定總是會印製上百萬份，卻也可以非常普及、大量存在。參與社會運動和政治事件可以是很個人的事情，並在有意無意之間，透過攝影師創作出來的明信片創造故事、敘事和概念。

這就讓我們不得不談談真實照片明信片的技術面。要創造一張真實照片明信片，必須要有攝影者、相機和特殊的紙張，還需要一間暗房或沖洗照片的地方。除此之外，我們也需要這種明信片媒體所提供的社會推力和特徵，而這已經由柯特・泰希等印刷公司深植在大眾文化裡。

「真實照片」明信片真的是照片。這種技術和明信片類別有很多不同的名稱，像是「真實圖片」、「真實照片」、「真實相片」等，但這無疑是明信片歷史一項重大的革新。真實明信片的製作方式是，把負片沖洗到一張已經印有明信片背面樣式的紙張，所以這是在一個感光表面或紙張進行化學反應後的結果。之所以稱作「真實」，是因為真正的照片會直接被印在紙上，而不是使用印刷機的平版印刷石版、金屬版或玻璃版沾墨水印在紙上。

拍攝真實照片明信片可以製作比較個人化的明信片，但這種明信片要存在，必須仰賴能夠支持相機和底片量產的社會和科技體系。在美國和其他地方，很多公司都提倡只要有對的相機、紙張和「凡事靠自己」的企業家魄力，真實照片攝影師絕對可以透過拍攝明信片用的照片和印製明信片來賺錢。[6]二十世紀初，柯達便迎合這股風氣創作廣告詞：「何不製作自己的明信片？」「挑幾張最棒的負片，印出一打明信片！」[7]

在拍攝、加工明信片用的照片之前，攝影者必須先有一臺相機來滿足技術和社會層面的條件。這個時期有很多相機都適合這些小型創業者使用，讓他們把明信片的風潮順利延伸成一門攝影生意。歷史學家保羅・范德伍德（Paul Vanderwood）和法蘭克・桑波納羅（Frank Samponaro）表示：「多虧美國工業革命貨真價實的天才喬治・伊士曼（George Eastman），人人都可以只靠少量的資金投入明信片生意。」[8]歷史學家蘿莎蒙德・沃爾（Rosamond Vaule）在研究美國鄉村的真實照片明信片時表示，伊士曼柯達公司恐怕比二十世紀初的任何明信片供應商都還早「預期、迎接並建立了照片明信片的市場」。[9]

伊士曼柯達公司最初是以3a號折疊式口袋相機開始涉獵個人化明信片的市場（一九〇

九年的折疊式「布朗尼」相機和一九一六年的「簽名」相機，都是很受歡迎的柯達3a號相機）。沃爾指出：「旅行、外交和外國住宅是3a號相機擅長的主題，而柯達的國際名聲更促進了這個結果。」[10]這款相機不但處處可見，很受度假的人歡迎，也是那個年代科學探險最常選擇的機型，所以伊薇特・博魯普・安德魯斯會帶這臺去中亞，一點也不令人意外。其他真實照片明信片的攝影師，也廣泛運用這款相機。

伊士曼的這款相機擁有焦距五十七毫米、光圈f/9的定焦鏡頭。柯達最初生產的箱型相機體積為3.5 × 3.75 × 6.5英吋，可放入口袋或相機袋中。整個設備要價二十五美元（在二〇二〇年相當於七百三十五美元），含足夠拍攝一百張照片的底片和處理時間。業餘攝影師拍完一捲底片後，可將相機寄回紐約的羅徹斯特（Rochester），公司會將底片取出，再把影像加工到紙張上並洗成照片。之後，相機會寄回去給攝影師，整個過程重新開始。

不過，到了一九〇二年，喬治・伊士曼已經縮小柯達個人相機的焦距，設計出更有效率地沖洗流程，客戶不用再把相機寄回公司。伊士曼柯達公司推出明信片大小的相紙，讓影像可以直接沖洗在明信片上。到了一九〇三年，一臺更新、更便宜的3a號相機上市，是一款定價兩美元（相當於今天的六十美元）的「風箱」相機。這臺3a號相機的底片尺寸非常適合沖洗出明信片大小的照片，一九一一年的一則廣告稱讚這臺相機「很適合用於明信片攝影，水平拍攝可拍出效果極佳的風景照，垂直拍攝則可拍出比例完美的全身人像照。」[11]

有了相機在手，製作真實照片明信片的下一步，就是要把影像沖洗到實體明信片上，在這方面，柯達提供攝影師好幾種選擇。攝影師當然可以把底片寄回柯達，讓公司處理，在一九〇六到一九一〇年間，柯達以每張負片十美分（相當於今天二點九三美元）的價格幫客戶完成加工和印製；全美各地的相機店也很快跟進，宣傳自己可以沖洗使用柯達相機拍攝的明信片。[12] 或者，攝影師也可以跟上個人相機所設下的風潮，自行處理整個流程——用以沖洗真實照片明信片的新紙張和技術，讓業餘玩家可輕易做到這件事，而且不但能做得到，還受到柯達的鼓勵。

這些小規模的個人化明信片在發展過程中，曾經歷一項重大的科技進步，那便是伊士曼柯達公司生產的Velox明信片相紙。大部分的相紙都要經過明膠銀鹽的化學處理，才能接收底片影像。相紙的另一面印有明信片的傳統格式：標題、郵票框、分成兩欄的空白處。一九〇三年的柯達產品目錄上寫著：「Velox明信片（即印在Velox相紙上的明信片）只要在書寫地址的那一面貼上郵票便能郵寄。背面經感光處理，有著可以書寫的表面。這是非常適合旅人寄給朋友的美好紀念品。」這則廣告接著又說，投遞照片明信片相當容易，晚上在飯店使用Velox相紙印製明信片，隔天早上就可以書寫，接著寄出。就這方面而言，對於把柯達相機和沖洗機器帶在身邊旅行的業餘玩家十分便利。[13]

雖然Velox和Azo是柯達最受歡迎的相紙，但是柯達也有生產藍圖、深褐和藍晒紙張，在二十一世紀的今天，這些看起來才是最具代表性的「復古」照片。其他公司也有生產不同質感的相紙，如亮面、霧面和絨面。全美各地的報紙都看得到印製各種真實照片明信片的相關廣告。例如，在紐約州格倫士弗斯（Glens Falls）發行的《後星報》（*The Post-Star*）便在一九〇七年的八月刊登一則廣告，將「藍圖」明信片定價為一打十五美分，Velox和Azo明信片則是兩打二十五美分。[14] 當新型的相機和印刷明信片一出來，又有新式的紙張、底片或技術可以讓攝影師嘗試。

不過，製作真實照片明信片除了需要相機、底片和紙張，也需要沖洗技術。在伊薇特．博魯普．安德魯斯第一次亞洲探險期間，她攜帶的是亞伯克朗比和費區公司（Abercrombie & Fitch Co.）製造的折疊式橡皮暗房，高約七英呎、直徑四英呎（215×120公分）；二十世紀初，這間公司是相當厲害的戶外用品品牌，美國前總統羅斯福（Roosevelt）在一九〇九年的非洲探險和李察．柏德少將（Admiral Richard Byrd）在一九二八年的南極冒險活動，都是由他們供應裝備。伊薇特的暗房非常好用，可以應付艱困的野地環境，「掛在樹枝或屋椽上都沒問題，五分鐘就能組裝完畢」。[15] 她會把她的「小橡皮暗房」（報章雜誌這樣稱呼）架在「任何一根方便的樹枝上、任何她滿意的點，在華氏一百零五度（約攝氏四十度）、濕度一百五十的樹蔭下沖洗（探險隊的）照片。」[16]

然而，不是所有自己沖洗明信片的人都需要這麼強韌堅固的設備。雖然柯達早在一九○三年就有發行照片沖洗機，但那套系統需要用「傳統的方式，在暗房」沖洗明信片。[17] 羅徹斯特光學公司（Rochester Optical Company，簡稱ROC）的明信片列印機，把客群鎖定在為了個人用途而印製明信片（將旅遊期間拍的照片製成明信片），或印製小量個人化明信片（全家福、紀念照片等無法達到商業規模的私人照片）的業餘攝影者。攝影者只要把明信片放入列印機的匣子，然後拉動拉桿即可。這個動作會使負片曝光，將影像轉印到明信片的紙張上，不用經歷暗房或實驗室的手忙腳亂。

羅徹斯特光學公司在一九一○年五月的《柯達商業雜誌》（*Kodak Trade Journal*）刊登一則廣告，表示：「ROC的明信片列印機專為想要有一臺價格親民、快速可靠的列印機，來沖洗明信片的男人製造。」顯然，他們忽視了女人多年來也都有在製作真實照片明信片的事實。[18]

ROC列印機可以利用自然光或人造光沖洗明信片照片。市面上很快就出現別款機器，有的可以讓沖洗者在明信片上打字（例如添加日期和地點），有的可以進行「雙重列印」，做出橢圓邊框或插入小圖。一款來自英國的列印機（稱作「Graber」）在廣告上被形容為「歷史悠久的知名明信片列印機……世界各地都有人使用，給人一百分的滿意度。」Graber列印機可以在成捲的明信片紙張上印出文字或照片，然後切割成一張張明信片。公司還提醒潛在用戶，機器可以「手動或電動操作」。[19]

柯達甚至託人製作幾組真實照片明信片，以帶動真實照片明信片的風氣。這些明信片在一九〇八到一九一六年間很受歡迎，主角是穿著愛德華時代服裝的「柯達女孩」，手拿柯達相機擺出各種姿勢。不意外的，喬治·伊士曼和柯達公司積極地將跟他們的相機、照片和明信片有關的一切，都申請了專利（柯達出品的真實照片明信片，背面使用的是柯達的明信片相紙，蓋有公司名稱）。伊士曼把那些業餘攝影師和明信片印製者稱作「柯達人」。[20]

將這個活動當成一項創業選擇而大肆宣傳的，不只有柯達。位於芝加哥的國際金屬和鐵版公司（International Metal & Ferrotype Co.）在一九一四年七月號的《群眾》（*The Masses*）所刊登的廣告，便在宣傳他們的相機和列印設備「鑽石明信片槍」的同時，講到成為一名獨立的明信片攝影師可以實現自我賦權。鑽石明信片槍有著鎳製的大砲狀機身，並附有一條絲絨「黑布」，讓攝影師可以蓋住頭部，整臺機器架在一個木製三腳架上。廣告鼓勵人們：「追隨你的天分，加入賺大錢的行列。獨立自主。脫離停滯不前的死薪水，累積資本主義的財富。開創自己的事業，一天輕輕鬆鬆賺進二十五美元以上。」[21] 國際金屬和鐵版公司向讀者保證，操作明信片槍「不需要任何經驗」，只要願意拍照即可。

這就不禁讓人想問：有了創造自己宣傳性明信片的技術和社會機會，人們都拍些什麼？簡單來說，什麼都拍。

假如將明信片（特別是真實照片明信片）比喻成二十一世紀的ＩＧ，那麼當時的明信片自然會出現食物、寵物、口號或引句、朋友的照片，當然還有自拍。大體上，這些就是寄給親朋好友的真實照片明信片所拍攝的主題：奢華的假期、懸掛在某座城鎮大街上的女性選舉權旗幟、正式或隨性的家庭照。會出現在ＩＧ動態上的任何主題，一百多年前幾乎都曾經被人拍攝過，並列印成明信片寄出。

在二〇一六年，傳播學者帕維卡．謝爾登（Pavica Sheldon）和凱瑟琳．布萊恩

（Katherine Bryant）認為，IG是全球成長最快的社交網絡網站。她們調查了大學生使用IG的原因和方式，結果發現在社交方面非常活躍——常常旅行、參加體育賽事、拜訪朋友等——的學生，在IG上發布照片和貼文來記錄日常生活的頻率比其他人高得多。謝爾登和布萊恩詢問學生是否認為IG會提高整體的自戀程度，結果發現學生使用IG通常是為了「讓自己看起來很酷」，或者像研究者所說的，是為了「監視」同儕。一份二〇二〇年的數據顯示，每天有超過一億張照片和影片被張貼在IG上，全部則有可能被超過五億個每日活躍用戶分享、按讚和認可。這種社會表現跟更早以前的大眾社交網絡媒體擁有相同的特徵，我們只是把明信片換成像素而已。[22]

或許，這兩種社交網絡最有趣的共通點，就是它們在公關與宣傳的領域，以及流通方式的相似之處。當明信片被大規模印製並帶有明顯的訊息時，就不難把明信片跟宣傳聯想在一起——寄件者支持或反對某個國族、女性或愛國運動，希望透過明信片將自己的觀點傳遞給收件者。從收藏家或資料庫收藏的明信片，可以找到幾十萬張這樣的明信片。在二十世紀初，公司行號會付錢給明信片製造商，請他們大規模印製各式各樣的題材、主題和圖像，而這種由上而下的模式意味著，明信片的主題不是購買明信片的人所設定的。

有人或許會主張，「市場」決定了這個時期商業明信片的範疇。可是，除非一般人可以控制自己生產明信片的方式，否則消費者寄出的明信片，基本上都是明信片公司認為他們應該購買、收集或寄送的明信片。

這便是為什麼，真實照片明信片在二十世紀初女性選舉權運動、戰爭、國際衝突等全球重大事件頻仍的那幾十年，成為特別強大的宣傳工具。真實照片明信片是創造、營造和散播個人經歷和看法的絕佳手段。

墨西哥革命在一九一〇年爆發，展開一段漫長野蠻的衝突。這場革命的導火線，雖然是源自總統波費里奧．迪亞斯（Porfirio Díaz）在一九一〇年大選獲得令人質疑的投票結果，但煙硝味十足的勞工糾紛和罷工，在這之前早已持續好幾年。例如，在一九〇六年六月，位於索諾拉州（Sonora）卡納內亞（Cananea）的統一銅礦公司（Consolidated Copper Mining Company）發生了暴力罷工事件，共有二十三名墨西哥人和美國人死亡。一位明信片攝影師拍下這次罷工，創造一系列二十張背面沒有分區的明信片，讓人們一窺墨西哥在革命前夕就已存在的緊張局勢。這位攝影師（名字已不可考）甚至還拍到美國礦業經理W．C．

格林上校（Colonel W. C. Greene）向一群躁動的墨西哥勞工講話的一幕。類似這樣的糾紛以及一九一〇年的墨西哥總統大選很快就變成政治革命的引爆點。

然而，諷刺的是，這對美國的明信片製造商卻是好消息。那些靠方便攜帶、可以印製明信片的相機，投身這場衝突的美國攝影師，提供了自己的視角和鏡頭，記下一九一〇到一九二〇年這十年的歷史。這些明信片的圖像往往是即興拍攝、沒有經過任何設計的照片，非常仰賴攝影師的運氣。業餘玩家也能成功踏入拍攝和製作明信片的生意，這個主意還是由相機公司鼓吹的。[23]

照片明信片跟著墨西哥內戰和美國干涉的進程發展。當美國軍隊以保護美國公民和邊界經濟的名義在邊界動員時（美國史所說的「邊界戰爭」），美國人也對呈現這場衝突的明信片展現龐大的胃口。事實上，共有超過一百個公司與個人把握這個機會，利用這股風潮賺錢，在接下來的六年生產成千上萬張明信片（銷售量在一九一六年達到高峰）。

那年，也就是伊薇特・博魯普・安德魯斯帶著相機前往中亞的同一年，人在艾爾帕索（El Paso）的美國攝影師華特・H・霍恩（Walter H. Horne）利用自己很靠近美墨邊界的優勢，打造了一個十分有賺頭的明信片生意。他的利基在哪？要讓美國大兵和觀光客將印有墨西哥革命照片的明信片寄回家。霍恩的明信片——他自己製作的真實照片明信片——影響許多美國人對墨西哥革命的印象。他明信片上的照片比當時任何一份報紙上的圖像都廣泛流通，形塑了許多美國人看待這場衝突的方式。

根據文獻記載，霍恩在一九一〇年搬到艾爾帕索治療結核病時，對攝影既沒興趣，也無任何經驗。可是，當霍恩跟其他艾爾帕索人一起「捲入」邊界衝突時，他卻開始思考艾爾帕索這個地方所能提供的獨特照片明信片市場。這個小鎮距離邊界非常近，近到居民可以看得到奇瓦瓦州（Chihuahua）的華雷斯城（Ciudad Juárez）發生的戰鬥。

霍恩的照片明信片生意花了將近兩年半的時間才開始獲利，並要到一九一三年十一月中旬的第二次華雷斯戰役，明信片的銷售量才達到上萬張。到了一九一四年四月，生意已經好到讓霍恩花費一百三十五美元（今天約三千五百美元）買一臺伊士曼柯達的Graflex相機，用來補充（應該是）柯達的3a號相機。Graflex有一個3a號沒有的優勢，那就是它可以使用切割好的底片單格曝光，馬上沖洗到明信片上；3a號相機的膠捲底片必須先進行切割才能沖洗。許多真實照片明信片被當作個人紀念品，但是有的攝影師則能夠充分運用印在這些明信片上的圖像，如霍恩。雖然霍恩的明信片一次只有印幾千張，不像柯特．泰希公司那樣以工業規模印製，但是霍恩的明信片流通範圍確實相當廣泛。

到了一九一四年五月，霍恩已經運了七千八百張明信片到紐約市，手上還有一萬六千張的訂單。在一九一五年的十二月，霍恩把明信片的利潤投資到一間攝影工作室，跟亨利．E．卡特曼（Henry E. Cottman）合夥。這門生意專營明信片的部分稱作「墨西哥戰爭照片明信片公司」，擁有自己的信頭和信箋，經營到霍恩在一九二一年去世為止。從所有想得到的標準來看，霍恩都是以墨西哥革命和美國在邊界進行的相關軍事活動為主題，而藉此成為最成功的攝影師。

在一九一六年的三月二十一日，霍恩寫信回家告訴家人，他那天生產了兩千七百張明信片，數量十分驚人；到了一九一六年的八月初，他的每日產量已突破五千張。最受歡迎的明信片當然是以戰爭場面為主，不過有關處決和墨西哥人刻板印象的圖片也很暢銷（其他印刷業者製造的暢銷照片明信片，包括墨西哥領導人、美國軍隊和難民的人物照）。這些明信片讓不住在邊界的人可以一窺世界大事，感覺離這些事物沒那麼遙遠。

霍恩的真實照片明信片有的很不真實，有的平庸乏味，有的非常嚇人。有些美國人把這場衝突當成某種奇景，例如霍恩以艾爾帕索為主題的明信片，便拍到美國人站在飯店等建築物的屋頂上觀看武裝衝突，其中包括許多撐陽傘的女子。一九一一年五月的一張明信片，更拍了一群群穿著漂亮衣裳的美國人一邊在格蘭河（Grande）邊野餐，一邊看著眼前上演的軍事衝突。他們是從城裡坐街車來的——街車為了載他們到這個區域，甚至改變了路線。當時的艾爾帕索市長查爾斯・E・凱利（Charles E. Kelly）曾發布警告，說毛瑟槍的子彈會「把格蘭河的河堤變成槍林彈雨」，但是儘管如此，艾爾帕索的街車仍必須用繩索隔開，以限制搭載到河濱的人數。這些明信片顯示美國人將墨西哥革命視為奇觀，透過獨一無二的方式，讓我們看見人們是如何看待軍事衝突的。由於這些圖像被印在明信片上，賣家又將這樣的觀點重新投射給買家。

這些明信片非常受到美軍歡迎，我們現在就來探討霍恩使用明信片小心營造出來的宣傳內涵。霍恩和其他明信片印刷業者特別著重於事先安排好的動作姿勢，以及設計好的「珍奇異獸」照片，如響尾蛇。他們會拍攝燒焦的屍體、處決畫面、墳場、暴力場面、種族刻板印象、被扔在沙漠裡的墨西哥人屍首等。德州騎警拍攝明信片的照片時會擺出特定姿勢，創造出美墨邊界存在著法律與秩序的形象。有的明信片拍下美國士兵莊嚴肅穆的葬禮，棺木上覆有美國國旗；有的明信片則拍攝軍事衝突下的難民，他們有些是美國人，但大部分為墨西哥人；印有龐丘・比利亞（Pancho Villa）*多張遺體照的明信片非常受歡迎；有些試圖達到滑稽輕浮效果的明信片，在一百多年後的今天看來，一點也不逗趣。

* 譯註：墨西哥革命期間的北方農民義勇軍領袖，在一九二三年遇刺身亡。

照片可以提供真實感，尤其是印在明信片上的照片，而這便是霍恩這樣的攝影師認為人們會對他們的明信片產生興趣的特點。這背後的邏輯是：明信片上呈現的東西肯定是「真實」的，因為照片不是藝術作品，無法任由人詮釋。根據這樣的邏輯，照片只負責記錄，觀者才負責詮釋。順著這個思維，墨西哥革命的照片明信片可以被當作一種新聞報導，攝影師記錄了他（沒有「她」，因為那些能查出攝影師是哪位的邊界明信片，全是男性攝影師）在邊界看見的事物，以及邊界的美國人看待墨西哥革命的方式，然後透過販售這些照片明信片來賺錢。收件者認為這些真實照片是「真實」的，也覺得這才稱得上具有真實性。

可是，明信片上的照片從很多層面來看也有可能是錯誤、虛假、誤導人的，尤其是如果圖像遭到盜用重製的話。霍恩有一張特別恐怖的明信片場景，拍的是墨西哥的某場絞刑。照片中，兩名墨西哥男子被吊在樹上，一名身上背著一排子彈、頭上戴著墨西哥帽、手上拿著步槍的墨西哥士兵在旁邊觀看，背景則有三名美國白人——這張明信片的標題是〈墨西哥處決現場〉。但霍恩拍攝的原始影像卻遭到H．H．史崔頓（H. H. Stratton）盜用，他用幾毛錢買下霍恩原始的「處決」副本，將那張明信片製成副本負片，然後改了原本的畫面（歷史學家范德伍德和桑波納羅說，史崔頓是「當時特別惡名昭彰的盜版人之一」）。[24]史崔頓把背景的三名美國人和其中一名遭處決者的左手從影像中刪除，讓整張照片變得較黑暗（指種族刻板印象和明信片實際上的色調），並將標題重新訂為〈過去三年來墨西哥革命期間常見的景象〉。

相機的鏡頭並不是中立的。美國生產的墨西哥革命影像，不僅記錄了邊界兩側的平凡日常村莊生活，也記錄了赤裸裸的種族歧視，加深美國人對移民的恐懼，迎合人們對墨西哥的刻板印象。乍看之下，霍恩的照片彷彿是早期的新聞攝影，對這場戰爭如實報導，因為他在現場拍攝的照片似乎經過驗證。然而，只要想到他是以賺錢為目的，很容易就會推翻這種論點，他不是要記錄這場衝突和它帶來的社會影響，而是為了賣明信片，更明確地說，他是為了將明信片賣給美國人，讓美國人把明信片寄到全美各地。

不是只有華特·霍恩察覺到「真實照片」明信片可以把明信片跟時事結合起來。在保險桿貼紙、按「讚」的按鈕和網路瘋傳的「#」標籤（hashtag）尚未問世以前，明信片是幫助人們認識某個社會運動最常見的手法，而在使用明信片喚起民眾意識的社會運動當中，二十世紀初在英美興起的女性選舉權運動最具有政治手腕、也最凶猛。（請見第16頁相關圖片）

在一九〇八到一九二〇年間，美國總共發行超過一千款跟選舉權這個主題有關的明信片，其中包括真實照片明信片和使用平版印刷機印製的明信片，有的支持選舉權，有的表示反對。英國社運人士生產的明信片數量至少是美國的一倍，因為他們有專門製造這類明信片的印刷機。兩國的選舉權運動人士都會善加利用震驚觀者的意象（例如社運人士被警察施以酷刑的卡通漫畫）、集會遊行和運動領袖的照片以及帶有寓言性的圖畫。從十九世紀中葉的早期選舉權運動，一直到美國在一九二〇年通過第十九條修正案，禁止州政府和聯邦政府以性別為由拒絕個人的選舉權為止，文具店、藥房、報攤、紀念品店等處處都買得到這些明信片。25

當時，女性選舉權運動不是單一運動，而是結合了許多不同的潮流。在十九世紀和二十世紀初，英美社運人士主要的目標雖然是提倡女性的選舉權，但是有很多不同的團體強調的是這個目標的不同層面。例如，在美國的選舉權運動中，地區性和全國性的運動就有社經階級和種族方面的差異，白人女性的倡議最有份量，往往犧牲了黑人女性。

普及選舉權的議題在過去幾百年曾被多次提出，但一次世界大戰爆發的前幾十年卻顯得格外急迫。在美國，女性選舉權在《憲法》第十九條修正案獲得承認，該修正案保障了女性投票的權利，於一九二〇年八月十八日正式批准；在英國，女性的投票權透過一九一八年和一九二八年兩次不同的國會法令獲得保障。（然而，女性選舉權仍未在全球各地實現。科威特（Kuwait）在一九九九年才首次允許女性投票，這項權利後來被廢除，二〇〇五年才重新恢復。沙烏地阿拉伯（Saudi Arabia）則在二〇一五年才允許女性投票，是該國現代史上的頭一遭。）

女性選舉權的運動人士非常明白明信片的價值。早在一八六〇年代，女性選舉權運動的發起人就開始製造和寄發大量明信片（這些都是私人印製的，不是由美國政府印製）。有一張最早期的選舉權明信片（收藏家稱之為「先驅卡」），內容宣布社運人士將在一八八六年十二月十六日星期四舉行集會，慶賀露西・C・巴柏（Lucy C. Barber）太太在她位於紐約阿爾弗雷德中心（Alfred Centre）的家鄉投了一張非法選票（她後來被逮捕。知名廢奴主義者兼作家哈莉特・比徹・斯托（Harriet Beecher Stowe）的妹妹伊莎貝拉・比徹・胡克（Isabella Beecher Hooker）有出席慶祝會，並當場成立康乃狄克州（Connecticut）女性選舉權協會）。明信片最後一行字寫到「明信片持有者及其友人憑此入場」，顯示這張明信片不只是用來通知收件者有這場活動，也可做為集會的入場券。

然而，先驅卡最後對選舉權運動的幫助並不大，因為它們不是非常好用，且美國政府後來禁止人們在早期明信片的背面寫下地址以外的文字。不過，政府法規在一八九八年稍稍鬆綁，「私人郵卡」和鄉村免費投遞服務出現，使得明信片（尤其是真實照片明信片）變成女性選舉權運動的核心要素。

幾十年來，世界各地的選舉權運動有系統地委託生產、設計、印製、寄送和收集明信片，讓明信片成為各地選舉權運動非常強而有力的一部分。社運人士的宣傳品訊息精練，時間地點拿捏得剛剛好。英美各地的組織和協會充分利用當地的明信片印刷業者，為參加當地選舉權活動的女性製作個人紀念物。全國性事件的影像、運動領袖的個人照和各種宣傳性明信片的生產數量，絕對比一個攝影師拿著一臺相機所能生產得還要多。

歷史學家范德伍德和桑波納羅指出：「由於各地報紙不會印照片，而較大型的明信片製造商對具有強烈地方性、銷售潛力有限的照片沒有興趣，小型的明信片生產者便扮演重要的角色，在二十世紀的前二十年透過底片記錄美國。」這段話描述了真實照片明信片的功能，無論它們記錄的是墨西哥革命或女性選舉權運動，它們扮演的社會角色都是一樣的。[26]

由於明信片具有時效性短的本質，我們不可能算得出來當時有多少非量產的選舉權明信片被製造、投遞和收集。對選擇使用攝影工作室和手持個人相機的那些人來說，把自己參與社會運動的照片印到明信片上，就好比在二十一世紀玩自拍，是為了建立自己跟特定時空的個人連結。

不過，也有一些官方明信片是希望人們注意到美國女性的投票權議題。在一九一六年的全美女性選舉權協會會議上，埃絲特．G．奧頓（Esther G. Ogden）向會眾報告選舉權運動的周邊紀念品和商業化現象，明確地說：「我們的存在有兩個目的，一是推廣全國的選舉權運動，二是證明我們除了可以推廣這個運動，還能經營一門成功的生意。」[27]

有超過十年的時間，《女性期刊》（*Women's Journal*）上會廣告新推出的選舉權明信片，還有許多特刊明信片被用來募集資金。一九一三年，著名的美國女性選舉權提倡者莉迪亞．格雷（Lydia Gray）在《女性期刊》刊登廣告，表示任何人只要把跟選舉權有關的名句寄給她，她就會做成明信片。她總共製作五款這類主題的明信片，使用類似樹皮質感的紙張印製茱莉亞．沃德．豪（Julia Ward Howe）和蘇珊．B．安東尼（Susan B. Anthony）的名言，支持者可以用五美分的價格選購兩款明信片。女性選舉權運動還推出明信片套裝的組合，定價更低廉，讓購買者可以用一張一美分的價格對這個運動做出貢獻。[28]

英美選舉權運動最具歷史性的時刻特別適合做成照片明信片。一九一三年，經常參與社會運動的長島社交名流蘿莎莉・瓊斯（Rosalie Jones，當時的媒體稱她為蘿莎莉・瓊斯「將軍」）在伍德羅・威爾遜（Woodrow Wilson）就任美國總統前，發起一場女性選舉權大遊行，要帶領社運人士從紐約走到華盛頓（Washington），進行長達兩百九十五英里（約四百七十四公里）的朝覲之旅。他們的計畫是，在就職典禮結束之時完成十六天的旅程，然後參加的社運人士將要求會見威爾遜，力勸他支持女性選舉權的聯邦修正案（該修正案要再過六年才會通過）。這場大遊行被廣為宣傳，許多參加者透過沿途販售周邊商品和紀念品來資助從紐約到華盛頓的旅程。

此外，參加者被拍了照片，照片很快就被做成真實照片明信片。歷史學家肯尼斯・佛洛瑞（Kenneth Florey）說：「真實照片明信片的一個優點是，可以馬上印製。參加這場活動的人……在現場就可能購買印有這場活動照片的明信片，寄給朋友。」[29] 有一張日期標註一九一三年二月二十八日的「真實照片」明信片便顯示一群女性即將要完成遊行，她們一邊穿著大衣、帽子、斗篷抵禦寒風，一邊拿著美國國旗。蘿莎莉・瓊斯就在隊伍前方中央。明信片的標題以顫抖的筆跡和白色的字體印在照片最下方：「朝覲者進入華盛頓」。真實照片明信片讓歷史上重大的一刻變得「真實」，這是印有卡通或圖畫的明信片做不到的。第十九條修正案終於在一九一九年通過後，出現許多紀念艾麗斯・保爾（Alice Paul）「沉默的哨兵」的明信片——這些社運人士曾在一九一七年一月到一九一九年六月間在白宮門口站崗。

在大西洋的對岸，真實照片明信片也捕捉了類似的遊行、抗議和盛大活動。攝影者（社運人士和非社運人士都有）拍下遊行和市集的影像，也記錄了選舉權囚犯被釋放或任何其他具有某種政治社會意義的當地大事件（不用說，英國各個地區性和全國性的選舉權運動組織，也有靠著印有圖畫、名言、卡通和真實照片的明信片來募集民眾的支持）。有的攝影師也記錄了英國女性選舉權運動比較軍事的一面，例如有一張明信片描繪社運人士一九一三年四月在首相宅邸放火的事件。照片中，屋外站了十名穿制服的警察，拿著滅火水管對準窗戶破裂、外觀焦黑的房子。

佛洛瑞在《女性選舉權運動周邊紀念品》（*Women's Suffrage Memorabilia*）說道：「選舉權運動造成的破壞場景似乎很吸引英國人，像是火燒拉弗伍德之家（Roughwood House）事件、赫斯特公園（Hurst Park）大火……內維爾板球場（Nevill Cricket Ground）攻擊案……位於聖雷歐納茲（St. Leonards）的雷維特雷（Levitleigh）的首相官邸放火事件，以及數起教堂破壞事件……反選舉權運動的人也做出報復行為，好幾張明信片都有描繪他們對女性選舉權運動位於布里斯托（Bristol）的總部造成的破壞。」[30] 明信片再次發揮了舉足輕重的影響，可以被當成單則訊息購買、寄送和收集，也可以作為收藏的一部分，共同對一份理想做出貢獻。

在英國，除了明信片上的圖像，郵局本身也成了女性投票權運動的一部分，展現選舉權運動較兇悍的一面。倫敦郵政博物館（Postal Museum）表示：「我們的檔案庫收錄了所羅門（Soloman）小姐和麥克勒蘭（McLellan）小姐的故事。她們在一九〇九年二月二十三日把自己寄給首相赫伯特．阿斯奎斯（Herbert Asquith），因為當時郵局允許『寄人』，由急件專差送到府。然而，位於唐寧街十號的首相官邸不接見她們。可憐的電報小弟A．S．帕爾默（A. S. Palmer）因為沒有拿到收件人的簽名而陷入麻煩。」[31]

動用明信片以協助達成目的的組織，不只有女性選舉權運動，反選舉權運動也很會在明信片上印製你所能想得到的各種迷因和仇女訊息。反女性選舉權的人士並沒有對選舉權運動的宣傳手法不吭一聲，在政府正式通過投票權之前的幾十年間，他們也創造許多明信片來強化自己的敘事和立場。

把視野放遠到全世界，可以看出反選舉權運動的宣傳利用了幾個恐懼心理。傳播學者和明信片史學家凱瑟琳．帕爾切夫斯基（Catherine Palczewski）認為，最首要的恐懼心理就是女性一旦被允許投票，男性將因此變得「女性化」。其他常見的反女性選舉權主張則運用一些很不客氣的刻板印象，把支持選舉權的女性形容成妖女或是「無知但迷人的純真少女」，認為她們過於投入爭取投票權，把事情搞得烏煙瘴氣。這些團體在宣傳性明信片上直白地說，女性選舉權運動為了投票權犧牲了家庭。

反女性選舉權明信片上面的圖片生動地利用了這些恐懼心理，美國和英國的明信片都能找到相似的主題：對抗社運人士的「滑稽」暴力舉動；女性參政後的淒慘處境；因為沒有女性照顧而受苦的孩童；小心翼翼守護自己既有的投票權的男人，在女性擁有投票權之後，沒了男子氣概。

在那個流行選舉權明信片的年代，真實照片明信片讓支持和反對女性選舉權的人可以形塑、創造和建構非常個人的敘事，這是在工廠裡一次印製成千上萬張的明信片做不到的。帕爾切夫斯基認為：「明信片無所不在、便宜又容易取得，在參與女性選舉權議題的過程中，讓雙方論點獲得進一步的發展和延伸，這是僅靠文字表達論點的大開印刷品和印刷媒體無法實現的。」[32] 先前幾十年的明信片史不曾出現這樣透過個人化的宣傳方式，使人們跟社會運動產生連結的現象。

在新聞攝影頂多只能說是「剛萌芽」的時代，真實照片明信片和「印刷照片明信片」（印刷規模稍大的明信片）提供了一種真實感，是當時那些畫有卡通的宣傳性明信片沒有提供的。蘿莎蒙德．沃爾指出：「這些雖然是商業產品，卻也是充滿個人特質且擅於表達的一種媒體，反映了美國人的生活與價值觀。」[33] 這在世界各地都是如此。這背後的邏輯是，明信片的收件者看到的東西是真實的，因為相機是用來記錄事件的客觀工具。這些真實照片明信片很多都屬於宣傳品，而且是相當強大的宣傳品。

明信片宣傳品透過個人化和迎合群眾期待這兩種做法，反映出一個地方對某個全球現象的表達方式。個人印刷技術的興起，讓每個人都可以記錄自己的敘事和故事，形成社會運動或國際衝突等大型事件的一部分。對伊薇特．博魯普．安德魯斯、華特．霍恩以及其他許許多多沒有名留青史的社運攝影師而言，這象徵了科技與社會的共存與共進。

明信片的歷史固然是量產技術的歷史，但柯達3a號相機和較大臺的Graflex相機等攝影器材卻也功不可沒，讓個人能夠製造明信片，並把那些明信片跟其他寄到世界各地的數十億張明信片一起放到市場上流通。然而，即使從個人的層級來看，將真實景象印在真正的明信片上所需要的技術仍強化了社會與政治敘事，相機其實跟拍照的攝影師一樣，不是客觀的。

第四章

我玩得很開心，真希望你也在

明信片在促進觀光中扮演的角色

明信片一直是證實一趟旅行的存在、連結寄件者與收件者，以及把這兩個人跟某個地方連結起來的手段。明信片也可以把某些地方商品化，使這些地方變成令人眼熟的景點。

在一九九〇年，波士頓（Boston）的克雷恩明信片服務（Klein Postcard Service）推出了一系列的明信片，要讓造訪這座城市的遊客知道龍蝦是波士頓的特產。為了向觀光客證明，波士頓不只擁有過去幾十年來克雷恩出品的明信片上所描繪的「無趣歷史」，還是頂級海鮮的家鄉，這家公司決定啟動一個不落俗套又幽默的行銷活動，運用一系列明信片讓遊客記得造訪這座城市時，一定要購買和大啖甲殼動物。明信片的正面是一隻倒楣的龍蝦，背面則寫著：

> 波士頓盛產龍蝦，因此市政府立法規定，造訪波士頓的遊客不但必須點一客龍蝦大餐，還必須寫信回家告知親朋好友。有龍蝦圖片的明信片可以取代信件，但是打電話則不符合法律規定。雖然明信片業者十分反對，但市政府已在審核政策允許遊客以傳真龍蝦照片的方式完成這項規定。[1]

這張搞怪的明信片，點出明信片在過去一百五十年來是如何制訂觀光體驗的。這背後的邏輯是，既然你都要大費周章去一個地方了，為何不讓親朋好友知道你在那裡？由你正在造訪的地方告訴你，在那裡應該做什麼、看什麼，不是再自然不過了嗎？這是一種觀光表現，「如果一個人去度假，卻從未向他的社交圈證明他有去過，那他真的有去嗎？」

過去一百五十年以來，明信片一直都是證實一趟旅行的存在、連結寄件者與收件者，以及把這兩個人跟某個地方連結起來的手段。對西方觀光客而言，明信片也可以把某些地方商品化，把這些地方變成令人眼熟的景點。明信片除了自豪地展示寄件者造訪過的異國地點，也使得二十世紀初世界各地的城市居民深受偏遠鄉村景點的吸引，這些偏遠城鎮多數會把它們的主要街道、廣場、商家、甚至地貌做成真實照片明信片。在美國，這些鄉村明信片（真實照片明信片和小規模的商業印刷明信片）因為增加了鄉村郵遞路線寄送的信函數量而重振美國郵政。如果是受歡迎的觀光景點，商業印刷明信片印製的數量都是以億為單位，呈現出一個地方精心營造的形象。

但，比起寄出什麼款式的明信片，寄明信片這個動作帶來的社會影響更重要。明信片成為觀光業社會面相的一部分，已有一百年左右的時間。無論是在國內或國外旅行，「應該」如何當個觀光客這件事，一直受到明信片的影響。觀光客不僅應該寄明信片回家，還可以收集某趟旅程的明信片作為紀念品。

對許多二十世紀初的觀光客來說，明信片是旅遊經歷很重要的一部分。包括著名的貝德克爾（Baedeker）系列在內的旅遊指南，會向西方觀光客說明應該要怎麼玩歐洲、應該要看哪些地方，寄明信片回家就是他們有參與了那種旅遊表現的證據。國外的明信片套組也是收藏家喜歡納入的收藏，同時可以當作那次旅行的個人紀念品（馬克・吐溫（Mark Twain）看了貝德克爾指南的推薦後，曾參觀英國的華威城堡（Warwick Castle，請見第17頁圖2），後來保留了該地販售的明信片套組）。中產階級觀光二十世紀開始在大西洋兩岸流行起來之後，明信片就變成跟旅行有關的一種普及物質文化。[2]

那些一九九〇年代的波士頓龍蝦明信片特別了不起的地方是，它們呈現波士頓的方式跟僅僅十五年前的明信片就完全不一樣。在一九七七年，照片明信片把波士頓描繪成「傳統、科學與技術的重鎮」；[3] 到了一九九〇年，更多明信片強調的是景點遊覽、購物和學術。描繪一座城市的方式，還有明信片的購買者、寄件者與收件者從明信片上的圖像接收到的訊息，都是營造城市名聲的手段。隨著時間過去，人們想像、記得、拍攝和商品化一個地方的方式自然漸漸出現改變。

歷史學家尚—克里斯多福・弗戴特（Jean-Christophe Foltête）與尚－巴蒂斯特・里托（Jean-Baptiste Litot）表示：「明信片把寄出明信片的地方和寄去的地方連結起來，這樣的郵件旅程便是明信片最明顯的空間特徵。擺在架上的明信片首先跟照片上的地方有關，其次跟販售明信片的觀光地點有關。」[4]

比起其他種類的紀念品，明信片自從十九世紀就是觀光業的主要實體貨幣。

數千年來，人類一直都有造訪家鄉以外的地方。例如，大約在西元前三千年的古代美索不達米亞，統治者和貴族曾立法保護旅人行經的道路，並建立站點，好讓國內旅行更為容易。巴比倫和亞述的楔形文字泥板雖然有記錄旅行令人興奮和頭痛的地方，但通常是聚焦在轉運和經商的議題上。至少可以說，很難想像這些旅程存在的考驗和艱辛會帶來什麼樂趣。

告訴阿穆爾－伊利（Amur-ili）：阿杜（Addu）捎來以下的訊息：

我會遵照您的指示，跟阿沙林（Ah-šalim）的助理一起從這裡前往布魯沙圖姆（Burušhattum）……

伊那努姆（Ennānum）尚未抵達此地，他還在蒂庫那（Tikurna）。

請別因為我耽擱而生氣。用驢子帶錫過來，再派烏拉（Urā）運送（到布魯沙圖姆）。做出決定，讓你的驢子在布魯沙圖姆跟我見面，這樣你（關於這件事）的決定才能（及時）讓我知道。

親愛的兄弟，請不要讓我自己做主。（此時）警察非常嚴格。

我計畫五天內出發。

在下面這個例子中，烏蘇皮斯庫姆（Usûpišqum）收到指示要找到弄丟的銀子：

烏蘇皮斯庫姆捎來的訊息：告訴阿穆爾－伊利（Āmur-ilī）和普祖－伊斯塔（Puzur-Ištar）：

我一直聽聞你們寄了商品給依那－辛（Ina-Sin）和依那拉威（Inarawe），但是這兩個人都死了！雖然我有尋找銀子抵達的蹤跡，卻沒找到任何銀子。你們其中一人應該來這裡，否則屬於你們父親的銀子就要不見了。[5]

觀光牽涉到旅行，但旅行不一定涉及觀光；旅行往往是不得不進行的活動，而觀光則是一種奢侈。觀光將經商和休閒娛樂這兩個活動區分開來，享樂性質的旅行可以追溯到西元前一五〇〇年左右的古埃及，一些歷史學家認為這是因為馬車在當時變得普及，要長距離移動變得比較容易。[6] 到了中世紀，朝聖活動興起，虔誠的信徒會旅行到各個具有明顯宗教意義的聖地。現代觀光業有很大一部分是源自以歐洲為中心的歐洲壯遊概念，這個概念從一六〇〇年代中葉開始興起，流行了兩百年。

橫跨歐陸的鐵路問世後，壯遊不再是擁有財富和特權的人才能進行的活動。觀光旅遊在西方國家新興的中產階級之間流行起來，從美國、英國、北歐到南美都是如此。各條路線變得愈來愈正式，沿途的站點愈來愈容易預測，旅程也愈來愈容易進行。到了一九〇〇年代，觀光的社會表現大部分都成為制式的行程，會到差不多的地方做差不多的事。具有冒險精神的觀光客會探索較不為人所知的地點（即美國人和歐洲人不熟悉的地點），但是大體上，觀光的重點已經變成「到一個地方、顯示你有到過那個地方，並擁有這次經驗的證據」。對十九和二十世紀的觀光客來說，明信片很適合這樣的活動。

遊客真正抵達目的地之前，就有機會寄明信片給家鄉的親朋好友了。無論是在火車上或是客輪上，在搭乘期間希望跟別人通訊交流的遊客，都能輕鬆買到明信片。例如，我在外曾祖父羅伯特・博爾斯的私人收藏中，便找到一張標註一九二三年十一月十二日的商業印刷明信片，標題寫著「穿越南加州橘子園的旅程」。明信片上描繪一輛火車沿著軌道切過橘子果園的畫面。背面的訊息寫道：「好友鮑伯，我一直耐心等候你的音訊，希望你不會這麼快就忘了我。核桃溪的大家都還好嗎？L・M・B。」在家族明信片當中，我還找到一張托波契科（Topo Chico）溫泉區的彩色明信片（請見第18頁圖3），在一九〇七年六月十四日從墨西哥寄給德州聖安東尼奧（San Antonio）的「納特・維亞拉（Nat Viara）先生」。明信片上的照片顯示，一輛驢子拖行的車廂正沿著墨西哥的鐵路駛出位於新萊昂州（Nuevo Leon）的蒙特雷，這輛車顯然是要把三名遊客載到托波契科溫泉區，寄件者在正面寫了「全體上車，運輸快速」的字樣。

在旅途期間寄發明信片，基本上是一種單向的溝通形式，幾乎不期望收件者回信，因此明信片對移動中的人來說是十分理想的通訊方式。觀光客使用明信片進行通訊，具有不對等和延遲的特性。[7]

這些跟交通運輸相關的信函，有兩個元素和明信片的故事有關。首先，交通工具本身值得做成明信片，像是驢子拉的軌道車廂或南加州的蒸汽火車。在二十世紀初，為了觀光而旅行變得愈來愈常見，觀光客旅行所使用的交通模式會出現在明信片上自然是完全可以理解的。

第二個元素是，明信片不只會從目的地寄出。事實正好相反，明信片可以在半路就寄出，作為旅遊的社會表現的一部分。這就相當於一個人拍下旅行前夕打包好的行李箱、在桌上攤開的地圖（車票還得放在旁邊），或從飛機窗口看見的雲層，然後放到ＩＧ上一樣。使用明信片和ＩＧ做出觀光表現時，一定要讓別人知道旅程已經展開了才行。那麼，有什麼比附加照片在訊息中更好的做法？

二十世紀初是明信片最受歡迎的時期，當時客輪扮演了很重要的角色，不僅協助傳遞郵件，也負責載送寄出郵件的遊客。從十九世紀晚期到二十世紀中葉，客輪是數百萬人在世界各地移動的重要交通工具，這些人除了觀光客，還包括移民、殖民者和軍人（歷史學家估計，在一八八〇年代，每年約有六十五萬人跨越大西洋來到美洲，其中近九成來自歐洲北部和斯堪地那維亞（Scandinavia））。有些客輪同時運送明信片和乘客，集兩種運輸模式於一身，如皇家郵政在一九〇五年推出的第一艘專職郵輪索倫特號（Solent）以及一九三〇年代有著白色船身的亞特蘭提斯號（Atlantis）。

客輪很快就創造出一種特殊的明信片類別，專門迎合運輸途中的人們，不管他們是不是觀光客。雖然這個時期橫跨大西洋的人大多是移民，但人們願意忍受漫漫海上之旅，卻是因為客輪帶動了大規模的觀光活動。而在旅程的每一個階段，人們都能買到明信片，貼上郵票寄出。

觀光遊輪在二十世紀初開始發展，到了一九二〇年代，搭遊輪已經成為許多西方觀光客必須進行的活動，是最主要的觀光模式（想想在阿嘉莎．克莉絲蒂（Agatha Christie）的《尼羅河謀殺案》（*Death on the Nile*）中，主角赫丘勒．白羅（Hercule Poirot）就是在一艘載著遊客沿尼羅河（Nile）而上的汽輪中破解一樁謀殺案的。遊輪是交通工具，是觀光模式，更是一種時尚）。遊輪之旅可分成三種形式：單程、來回，或是依循一條路線，最後將乘客送回當初啟程的港口。歷史學家克里斯多福．迪克斯（Christopher Deakes）在關於客輪明信片的歷史著作中表示：「乘客在停靠港受到貴族般的待遇，（二十世紀初）大規模觀光所帶來的影響尚未出現。」[8]

這不禁讓人想問兩個問題：客輪提供什麼樣的明信片給遊客？遊客在這些明信片上寫了什麼樣的訊息？迪克斯回答：「在那個時代，靠廣告銷售產品的管道很有限，因此海報和商業卡（以及之後的明信片）是相當寶貴的宣傳手法，船公司很樂意加以運用。因此，這些卡片不是船公司為了宣傳航線而發行，就是照片明信片出版商為了滿足大眾對船隻的興趣所印製。」[9]

早期的客輪明信片（特別是一八九〇年代發行的那些）普遍在德國生產，色彩鮮明，使用平版印刷術印在光滑的紙張上。這些早期的明信片有些寫有德國各個港口的問候語，而且往往以船隻為主角。把焦點放在船身上，會在人的心中觸發一種驚奇和冒險感，將照片暗示的旅程留在觀者的想像之中。不過，這還能達到一個效果，那就是讓人意識到設計、建造以及在全球各地行駛這些船所需具備的技術和工業本領。明信片上的照片似乎在說，這些船好比巨大的漂浮鋼鐵雕塑，帶著人們到世界上各個地方。〔英國的《環球報》（*The Sphere*）在一九二七年抱怨：「海上永遠都有整船的觀光客。」〕到了一九三〇年代，世上各個角落所有的水路出現愈來愈多觀光遊輪航線，只有二次世界大戰暫時中斷遊輪的發展。然而，從最早的一八八〇年代開始，客輪就很認真地看待明信片。

在接下來的幾十年，明信片的圖像隨著不同的藝術運動和大眾品味演化、轉變。例如，印有水彩畫的明信片變得愈來愈少見，因為運用裝飾藝術（Art Deco）和新藝術派（Art Nouveau）描繪船隻圖像的風格開始流行。〔當然，任何人只要有相機和可以印製明信片的紙張，都有可能拍攝碼頭邊的船隻，做成真實照片明信片。例如，在墨西哥革命的真實照片明信片中，就有USS紐澤西號（USS New Jersey）上頭的攝影師拍下登陸營在一九一四年四月三十日停靠墨西哥維拉克斯（Veracruz）的照片。其中一張明信片寫著，「乘坐拖船準備移動到船艦上」，暗示當地美軍已經在維拉克斯度假一陣子，船上的攝影師透過拍攝紐澤西號進港的照片記錄這一切。〕[10]這些影像屬於一種宣傳手法，除了宣傳客輪和船公司，同時也宣傳寄明信片的人。

客輪明信片上面的訊息令人意外，卻也不難預料。如果船隻要前往較溫暖的氣候帶，就會發現不少明信片的背面寫滿抱怨和評論天氣的內容。《客輪明信片史》（*A Postcard History of the Passenger Liner*）書中便有很多乘客在明信片上寫下日常瑣事的例子。一名男子在蘇伊士（Suez）寫明信片給家鄉的一個女孩，說道：「又要準備被烤乾了。」「哈利」在寫給「莎拉・愛默森（Sarah Emmerson）小姐」的明信片背面說：「紅海（Red Sea）非常炎熱。」還有一名乘客抱怨：「這裡熱極了，人們日夜都在瘋狂流汗。我跑到甲板上睡覺，身上只穿睡衣。」由於有些遠洋客輪可能得在大海上航行好幾個星期才會到下一個港口，乘客時常會跟船上的其他人打交道，因此寫回家的明信片上自然充滿船上生活的八卦。貝蒂在駛往里斯本（Lisbon）的一艘皇家郵政（Royal Mail）船上寫道：「洛溫泰爾（Löwenthals）夫婦似乎沒搭上船，真是謝天謝地。」一名乘客一九〇三年在一艘畢比（Bibby）遊輪上寫道：「曾參與斯匹恩山（Spion）戰役的英雄W上尉也在船上，他的手臂傷得很重。昨晚有一場很不錯的演奏會。」克蕾兒在英傑利號（Ingeli）來到西非外海時，匆匆寫了一封明信片給愛麗絲，說：「船上的人都很好，我們一起踢足球、打板球、跳舞等，相處得很愉快。」[11]總而言之，路途上經歷的任何事件都被回憶、寫下、郵寄，全都透過明信片的背面來傳達。無論是遠洋客輪、火車或驢子拉的車廂，身為觀光客似乎就是要把這段經歷公諸於世。

《今日美國》（*USA Today*）在二〇二〇年刊登一則旅遊小撇步文章，為想要在遊輪上寄明信片的當代遊客列出必要的步驟。作者以雀躍的語調寫道：「搭乘遊輪到巴哈馬（Bahamas）是一趟令人放鬆的熱帶之旅。可是，即使你正在進行有生以來最奢華的假期，可能還是會想念親朋好友。又或者，你只是想讓他們有一絲絲嫉妒。不管出自何種理由，在遊輪上寄明信片絕對是讓親朋好友知道你正在掛念他們的好方法。」[12]超過七十年以來，搭乘遊輪旅行的乘客顯然一直都很認真地在執行這件事。不過，這些明信片值得注意的地方是，寄出後並不期待收件者會回信。寄明信片的重點……就是寄明信片這件事。

明信片發明不到幾年，就變成跟收件者通訊的替代方式，是寄件者必須遵守的旅遊習俗與規則。我們很容易把明信片想成庸俗的紀念品，上面有地址、郵票和草草寫下的一行字，諸如：「我玩得很開心，真希望你也在。」但是，明信片其實是人和地理互相連結的實體物件。

所以，觀光客展開旅程時會寄明信片。那麼，他們到達自己要去的地方之後呢？他們會寄什麼樣的明信片？

在二十世紀初，觀光客——尤其是美國觀光客——愈來愈常造訪國內外各個不同的地方，他們為觀光所花費的錢也愈來愈多。雖然旅店和休息站等基礎設施從很久以前開始就是旅行經驗的一部分（古代巴比倫的楔形文字泥板便是證據），但這個時期的旅行卻漸漸轉型成觀光這種新的休閒活動。歷史學家艾莉森・瑪許（Allison Marsh）指出，這樣的轉變「需要交通運輸網絡、住宿、餐廳等基礎設施的建立及工作日程的改變，中產和工人階級才能度假。常見的拜訪景點有歷史遺跡、溫泉、山區或海濱度假村，以及尼加拉瀑布（Niagara Falls）等自然景觀。」[13] 這些地方很快就被商品化，觀光客會透過明信片把它們的圖像寄回家。

觀光旅遊時會做出的各種社會表現很久以前就存在了。E・M・佛斯特（E. M. Forster）在一九〇八年的小說《窗外有藍天》（*A Room with a View*）寫到，其中一位主角露西・霍尼徹奇（Lucy Honeychurch）發現自己缺少一本旅遊指南〔第二章〈來到聖十字聖殿（Santa Croce）卻沒有貝德克爾指南〉〕。貝德克爾指南（請見第20頁圖3）是觀光客可以信賴、應該擁有的旅遊良伴，為他們規劃該做的事，因此露西沒有它不知如何是好。貝德克爾自一八二〇年代晚期開始發行以來，出版了各式各樣的指南，收錄地圖、導覽、自然景致和當地建築。貝德克爾出版的指南包括俄國、巴勒斯坦（Palestine）、埃及、印度和美國，當然還有歐洲各國。

跟貝德克爾同時代的一位作者，在一九〇〇年代初期出版的《歐陸旅人手冊：荷蘭、比利時、普魯士、德國北部以及從荷蘭到瑞士的萊茵地區》（*A Handbook for Travellers on the*

Continent: Being a Guide to Holland, Belgium, Prussia, Northern Germany, and the Rhine from Holland to Switzerland）的〈導論〉中，非常直白地描述這系列指南的做法。作者說：「（這本）手冊的作者致力把內容限縮於事實性的描述，僅收錄每個地方該看的東西，精心設計希望引起聰明英國旅人的興趣，因此不把所有可看的事物全部收進去，讓讀者眼花撩亂。」[14]這樣不彈性的做法被認為是讀者所想要的（事實可能也真是如此），因為當時的旅遊指南覺得先前的旅遊指南「不是由不熟悉那些地方的人所匯集而成的通泛敘述」，就是「當地歷史……沒有充分區別什麼是那個地方獨有的、什麼是不值得一看的」。[15]

所以，旅遊指南是大眾觀光很重要的基礎建設，為人們事先寫出應該擁有的經歷。我不禁想像露西．霍尼徹奇會寄什麼樣的明信片給住在英國鄉村的母親和弟弟，是田野風光？花朵？聖十字聖殿的建築？假如我們像她一樣，一開始使用貝德克爾指南探索義大利，後來改成不依靠指南，那就好比起初寄的是以教堂和其他建築等可預測的事物為主題的商業印製明信片，接著改寄視野獨特、個人、以擁有真實感著稱的真實照片明信片。許多旅遊指南會向讀者介紹明信片常見的題材，如特定的景觀和建築物，並預期他們會將這類明信片寄回家或自己收藏。

從十九世紀末期到二十世紀中葉，世界各地生產、販售、購買、郵寄和收藏的數億張明信片，都是旅人向家鄉的親朋好友展示他們「當觀光客當得很確實」的一種方式，並且鞏固了他人對一個地方的認知。歷史學家艾瑞克·G·E·祖洛（Eric G. E. Zeulow）在他的觀光史著作中說道：「觀光手冊邀請讀者觀看特定的景觀、建築或廢墟，透過知名作家的眼睛看到地方……十九世紀的觀光業著重於把文本當中提及的特定景色、人造環境和具文學典故的地點加以商品化。」[16]遊客寄出旅程中看見的圖像，就等於是創造了一種以地方為基礎的宣傳。

在翻閱外曾祖母瑪麗·維吉尼亞·史都華保留下來的明信片時，我發現有好幾張是在一九〇六到一九一〇年間從墨西哥的蒙特雷寄出的。一八八〇年代晚期，我的外高外祖父雷昂·諾埃爾·史都華（Leon Noel Stuart）和他的合夥人約瑟夫·安德魯·羅伯森（Joseph Andrew Robertson）從密蘇里州（Missouri）搬到蒙特雷，在鄰近的蒙特莫雷洛斯（Montemorelos）建立最早的嫁接橘子樹果園〔羅伯森還參與了其他許多的新創事業，包括《蒙特雷新聞》（*Monterrey News*）和成立了一間紅磚工廠，並成為剛創立的蒙特雷與墨西哥灣鐵路公司的總經理（Monterrey & Mexican Gulf Railroad）〕。瑪麗小時候常在加州的雷德蘭茲和蒙特雷之間往返，親朋好友不時會造訪墨西哥，從那些墨西哥明信片就能看出訪客認為墨西哥應該是什麼樣子、他們應該怎麼體驗這個國家。從二十世紀初到墨西哥革命爆發前夕為止，史都華家族在美國和墨西哥之間傳遞的明信片，剛好碰上了全球明信片熱潮的高峰期。[17]

史都華家族二十世紀初在墨西哥的那段時間收到的明信片，涵蓋了各種圖像，包括：瓦斯特克（La Huesteca）地區壯觀的石灰岩地質景觀；工廠、城市、人們排隊等著上班的畫面；教堂、賭場、飯店等建築物；也有寧靜的鄉村景致以及座落在市中心周圍丘陵之上的華麗房屋。墨西哥人在照片裡永遠都戴著墨西哥帽，不是擺出一動也不動的姿態（像是穿著傳統棉質連衣裙的婦女），就是在耕作時被拍下來。這些明信片似乎全都以明示或暗示的方式在告訴觀者：「快來拜訪蒙特雷！」或「你看！這就是蒙特雷的生活！」

不過，這些明信片也非常容易預測和取代——如果不知道它們來自墨西哥，其實它們有可能來自世界上任何地方。如果沒有「墨西哥蒙特雷的羅布雷斯（Roble）教堂」等字樣，看明信片的人很難知道他們在看哪一座教堂、位於哪裡。那些不同的圖像（主題、類別、實體架構等）不是墨西哥明信片獨有的，世界各地販售的明信片都有同樣的主題、類別和架構。這讓人知道明信片應該長什麼樣子，沒錯！同時也是在藉由明信片所銷售的圖像，告訴遊客，這些城市和那裡的人是什麼樣子。

我的家族收藏裡有一張明信片，顯示寄件者在「墨西哥新萊昂州的蒙特莫雷洛斯」寫信給「維吉尼亞．史多華（Stewart）小姐」（沒錯，對方把她的姓氏寫錯了）。正面描繪一個菜市場有好幾個婦女坐著賣菜，背景則站了幾個小孩，坐著的婦女當中有兩個人似乎直視攝影師，另一人則看向左邊，鵝卵石街道上立著三把遮陽傘。明信片的標題寫著「墨西哥瓜達拉哈拉（Guadalajara）的街頭市集。索諾拉新聞社（Sonora News Company），墨西哥市。史考特攝影。」

這張彩色照片屬於索諾拉新聞社印製販售的其中一款明信片系列，文字說明上方印有編號2873，而這個系列的主題為墨西哥的日常生活，或至少是會吸引遊客購買明信片的日常景色。郵戳顯示，這張明信片是跟一九〇八年五月三十一日早上十點的那批郵件一起寄出的。明信片的背面印了「墨西哥共和國明信片」幾個綠色大字，下面則用較小的字體印了一行字：「這個區塊可以用來書寫通訊內容。」

安全無虞地抵達了。先前沒能買到明信片。我還沒開始工作。計畫九月從蒙特雷前往紐約。如果那時你還在家，想過去拜訪，但沒辦法更早到。這個地方還不錯（就墨西哥來說）。希望不久的將來能再得到你的音信。你的朋友瓦薩．蘇爾敬上。

家族收藏裡其他來自墨西哥的明信片（各趟旅途中寄給家族成員的），包括數張彩色平版印刷明信片，同樣是索諾拉新聞社印製的，描繪的也是蒙特雷的日常景色。在閱讀這些明信片時，有一件事令我印象特別深刻，那就是書寫者會強調照片的真實性，暗示因為他們親眼看到明信片描繪的景象，所以他們的蒙特雷經歷會變得更加真實。

舉例來說，有一張明信片的主題是蒙特雷托波契科的瑪摩爾（Marmol）飯店，這裡指的托波契科，跟描繪驢子拉著軌道車廂帶著遊客往返該地（因為那裡距離市區有段路程）的那張明信片所說的托波契科是同一個地方。這張明信片描繪出一條兩旁種有大樹的乾淨街道，整體景觀充滿田園風光，有花有草，還有遠方的山巒，是旅客從飯店房間的窗戶就能看見的景致。明信片上面寫道：「這是個很漂亮的地方。海倫筆，〇六年二月二十五日。」把這張明信片解讀成海倫與維吉尼亞之間的社會連結，可清楚看出海倫在暗示她到過那個地方，可以為那片田園風光的真實性作擔保。

還有一張索諾拉新聞社的明信片描繪了一輛馬拉的街車和一個牽著腳踏車走路的男子。那條城市街道和那棟三層樓高的白色建築，可能位於世界上的任何地方，但是標題點出這裡是「墨西哥蒙特雷賭場」（請見第21頁圖3）。明信片背面只能書寫收件者的地址（這面是保留給地址的），郵戳顯示明信片在一九〇六年的二月二十七日抵達布魯克林，收件者是愛麗絲小姐（Miss Alice）和寇格斯威爾先生（M. Cogsurill/Cogswill）。明信片背面沒有書寫訊息的空間，寄件者便在正面的照片下方用鉛筆擠了一行字：「〇六年二月二十三日，你看到的那匹馬前面應該還有一頭驢子，牠們前後並列拉著街車。」

寄件者描述這個畫面實際看起來「應該」是什麼樣子（觀者須看見另一頭驢子，才知道蒙特雷的街車「真正」的運作方式），而明信片讓他有機會證實圖片的真實性，因為他親眼看見這幅景象在現實生活中發生。旅人（例如這些造訪蒙特雷的寄件者）透過明信片便能顯示自己這個觀光客當得很確實，進而為他們造訪的地區的真實性作擔保。總而言之，這些明信片捕捉了二十世紀初墨西哥蒙特雷的觀光風氣，或至少描繪了明信片製造商認為購買者會喜歡的蒙特雷日常。

然而，就跟許多行銷給觀光客的明信片一樣，我們一定必須回答拍攝這些主題和景色的人是誰、攝影主題與攝影師之間的權力動態，以及攝影師對明信片圖像所蘊含的視覺訊息帶有什麼樣的期望和意圖等問題。換句話說，就像華特·霍恩拍攝的那些墨西哥革命真實照片明信片，這個時期的明信片很多都是在迎合遊客對他們所造訪的民族和地區先入為主的看法。

藉由明信片的圖像，觀光客向他人證實，你作為觀光客參與了把當地人變成一種風景的權力結構——這些風景是要讓人看見、讓人「完成」、讓人當成商品購買的。寄出這樣的明信片（特別是描繪異國民族的明信片）等於把人變成了奇觀，使他們被貶低成背景和觀光體驗的一部分。再加上一層殖民和帝國主義的色彩，就不難理解明信片為何總將購買者和寄件者跟那些被描繪的對象區分開來。明信片上的「那些人」被歸類為他者。明信片擁有凝視和觀點的力量。

在二十世紀前半葉的殖民時期被人製造、寄出、收到的明信片中，「我們」與「他者」的這種區別更是格外明顯。二〇一八年藝術史學家普里塔·麥爾（Prita Meier）在史密森尼國立非洲藝術博物館（Smithsonian's National Museum of African Art）舉辦「地平線上的世界」（*World on the Horizon*）展覽，便透過殖民國家生產的物質文化（尤其是照片明信片）點出，英國殖民地肯亞（Kenya）、坦尚尼亞（Tanzania）和索馬利亞（Somalia）的地理概念，是如何在一八九〇到一九二〇年代之間不斷地被製造和再製造。麥爾有一次接受美國全國公共廣播電臺（NPR）的訪談時表示，從早期的東非攝影作品「可以看出，住在史瓦希利（Swahili）沿岸地區的人們很快就接受了攝影——特別是人像攝影，並把這變成他們自己的藝術。這是非常令人折服驚嘆的。」[18]在這些影像中，史瓦希利沿岸地區的男女老少擺出各種姿勢，人像攝影在那三十年間是十分受歡迎又不用花大錢的消遣活動。

然而，殖民時期的明信片（特別是「地平線上的世界」展出的那些）就像麥爾說得那樣，呈現的是「有問題的歷史」。這個系列的明信片是在拍攝對象沒有同意或不知情的情況下製造的，而且是專為歐洲人和美國人生產。拍完照後，攝影師的一張負片就會訂製數千張明信片。記者梅洛蒂・薛伯（Melody Schreiber）在全國公共廣播電臺介紹這場展覽時說道：「這些明信片會被賣到西方各地，也會寄回非洲的沿岸城鎮賣給西方遊客，而這些遊客又會把明信片寄回家。」這些影像會環遊世界好幾次，那些被拍攝的人卻完全不知情或不曾同意過。麥爾說：「你能想像家族私下拍攝的照片變成觀光紀念品是什麼感覺嗎？」[19]雖然「地平線上的世界」展覽把焦點放在拍攝對象「遭到利用」這件事情，但是也點出史瓦希利沿岸地區的民族會製造和再製造西方文化的某些元素，如布料、時尚等。

英國殖民時期的照片明信片不只從東非取材。倫敦大學亞非學院（SOAS University of London）在二〇一八年舉辦「從馬德拉斯到邦加羅爾：從照片明信片看印度殖民地的都會史」（*From Madras to Bangalore: Picture Postcards as Urban History of Colonial India*）展覽，便強調那個時期住在印度的英國公民是如何利用照片明信片，將印度生活「真實的樣貌」寄回家鄉（這跟補充說明準備寄出的觀光明信片上的圖像，以便為其真實性作擔保是一樣的），這場展覽展出三百張一九〇〇到一九三〇年代從印度寄到歐洲的照片明信片。跟愛蜜莉．蘿絲．史蒂文森（Emily Rose Stevenson）共同舉辦這場展覽的史蒂芬．普特南．休斯（Stephen Putnam Hughes）向ＢＢＣ說明：「我們不希望這些明信片引起人們對殖民時代的懷舊感。恰恰相反，我們希望從殖民時代提出夠多證據，讓人們以批判的眼光觀看這些圖像。」[20]

展覽以清奈〔Chennai，昔稱馬德拉斯（Madras）〕和邦加羅爾（Bangalore）的明信片為主，小心地帶領觀展人閱讀這些照片明信片演示的各種權力動態和種族歧視。有些明信片拍攝印度男子為歐洲人準備泡澡的畫面，以及印度洗衣女工工作的景象，這類照片明信片描繪印度人臣服的姿態，住在印度的歐洲人寄出明信片，便能讓家鄉的收件者感受到他們崇高的地位。休斯對ＢＢＣ說：「明信片絕對有強化歐洲人對印度人的刻板印象，為特定族群建構固定、明確的特徵。」[21]

幾十年來，世界各地有愈來愈多中產和工人階級在寄收明信片，不同時期和地區的觀點、凝視和主題或許有所不同，但是這個物質社交網絡必定需要觀光客知道一件事，那就是當觀光客——或旅人——要當得確實，寄明信片回家是不可或缺的。

我在寫這個章節時，我的外祖母恰好寄了三張她跟外祖父一九九〇年到法國度假時購買的明信片給我，其中兩張是以一萬七千年前的舊石器時代（Paleolithic）洞穴壁畫出名的拉斯科（Lascaux）洞窟，另外一張則是巴黎聖母院（Notre-Dame）。她把明信片放在信封裡寄出，並在第一張明信片上貼了張亮黃色便利貼，寫道：「我找到這些明信片，可能對妳在寫的書有幫助。愛妳的外祖母。P.S. 我們去過那裡。」

一方面，它們只是讓我外祖父母的法國之旅「變得真實」的三張明信片（「我們去過那裡」）。但有趣的是，在我外祖父母購買、保留這些明信片的幾十年間，它們竟然變成法國歷史某些時刻的標記，記錄了觀光客曾經看待、體驗這個國家的方式。另一方面，這三張明信片也記錄了法國過去的地理，因為遊客在今天造訪明信片上的那些地方，看到的將不會是照片呈現的樣子。舊石器遺址拉斯科洞窟在一九四八年七月十四日開放大眾參觀後，遊客可以走過洞窟，親眼看見數百幅畫有公牛、駝鹿等巨型動物，以及人類和抽象形體的壁畫，但是到了一九五五年，數十萬名遊客漸漸影響這些舊石器時代的藝術作品，牆壁開始長出地衣和黴菌，破壞了壁畫，為了挽救這些壁畫，拉斯科洞窟於一九六三年對外關閉。在今天，觀光客只能在附近的遺址複製品「看到」拉斯科洞窟的繪畫。

不管是不是複製品，拉斯科至今仍是一個具代表性的觀光景點（「你去看了艾菲爾（Eiffel）鐵塔、塞納河（Seine）、羅浮宮（Louvre）。等等，你沒去拉斯科？！？真的假的！？」）《孤獨星球法國》（*Lonely Planet France*）便告訴讀者：「拉斯科常被譽為史前時代的西斯汀（Sistine）禮拜堂，這個比喻非常貼切。」[22] 到了法國的多爾多涅（Dordogne）地區，想要當個確實的觀光客，就一定要購買、寄送和收集拉斯科的明信片。

我的外祖父母當年造訪拉斯科、購買那些明信片時，他們參觀的是複製品，但明信片上的圖像是攝自真正的拉斯科洞窟。這些照片印在類似亞麻布的紙張上，其紋理被濃厚的墨水覆蓋後仍看得見，當我用手指撫過明信片，可以感覺到微微的凹凸不平。兩張明信片的背面都有分區，右邊的空間用來書寫收件者的地址，左邊分別寫上「拉斯科洞窟（多爾多涅）」和「拉斯科洞窟——多爾多涅：『史前時代的西斯汀禮拜堂』」。假如購買者希望寄出明信片，也有足夠的空間可以書寫簡短訊息（就像明信片說的，這些舊石器時代的繪畫是「史前的西斯汀禮拜堂」）。這兩張拉斯科明信片三十年前在法國被買走後，現在仍保存得很好。雖然卡片的四個角沒那麼尖了，紙張內層也有點露出來，還是可以清楚看出外祖母一直把它們當成那趟旅程的紀念品小心保留著。

外祖父母的第三張法國明信片是以夜晚的聖母院為主角，明信片的背面寫著：「被照亮的巴黎聖母院。收藏明信片吧！」以停在聖母院旁邊的車輛作為年代判別依據，這張聖母院的照片應該是在一九八〇年代晚期拍攝的。明信片帶有光澤感，並且跟拉斯科洞窟那兩張明信片一樣，四個角有些磨損。

我無法想像過去一百五十年以來，有多少張聖母院明信片被人購買、書寫、寄出、收藏，就像我外祖父母的明信片那樣。然而，在二〇一九年四月十五日，教堂屋頂下方發生結構性火災，燒毀聖母院的尖塔和大部分的木製屋頂。火災的影像在網路上瘋傳，全世界都在哀悼，法國總統馬克宏（Emmanuel Macron）誓言修復重建這座極具象徵性的大教堂。[23]無論如何，這個世界和所有的觀光客現在（以及重建後將會）擁有的聖母院，跟一九九〇年我外祖母的明信片上所顯示的聖母院非常不一樣。二十一世紀的明信片（和數位版的IG貼文）將能夠以這場大火作為定年依據。就好比我能夠以汽車為依據，猜測外祖父母在一九九〇年的法國之旅購買的明信片是什麼時候拍攝的，聖母院大火和大火後的建築樣貌也將提供一個依據，讓人標記照片是什麼時候拍攝的。

關於不同聖母院明信片的這類小線索，有助標記出觀光客是在什麼時候觀看和購買這座大教堂的影像。雖然是同一個地方，但是紀念這個地方的方式不僅跟建築物本身有關，也跟紀念的時刻有關。明信片雖然是一種大眾媒體，我們可能也經常談論它們，因為數量有幾千億張，但它們仍能標記出特定的歷史時刻——以聖母院的例子來說，那是一個我們再也回不去的歷史時刻。例如，我外祖父母的明信片拍到的教堂尖頂已不復存在。

二十一世紀的觀光客要當得確實，還需要寄明信片嗎？IG是不是已經佔據明信片的角色？答案是肯定，也是否定的。

塞爾維亞（Srbija）裔美國籍的當代詩人查爾斯．西米奇（Charles Simic）在二〇一一年的《衛報》（*The Guardian*）專欄上哀嘆寄明信片這門藝術已經消失：「不過幾年之前，夏季幾乎每天都會收到正在度假的朋友或認識的人寄來的明信片。明信片的主題不只有艾菲爾鐵塔、泰姬瑪哈陵（Taj Mahal）或其他知名景點，也有可能是愛荷華州路邊的飯館、南方某個州際博覽會上最大頭的豬，或甚至是某間殯儀館在宣傳他們一百年來人人讚賞的專業素養。」24

明信片不可能跟觀光業分離，就連在二十一世紀的今天，還是可以透過一些獨特的方法賦予明信片新生命，強化——或許也是重新發明——使用印在紙上、由觀光客寄到世界各地的圖像而建立起來的社交網絡。例如，倫敦郵政博物館沒有理所當然地認為遊客會主動寄明信片，於是便在紀念品店販售明信片，提供可印出郵資（連國際郵資都有）的機器、放置一張繫了筆可供書寫明信片的桌子，還有一個寫好訊息和地址後可以直接投遞的紅色郵筒。這間郵政博物館把寄明信片跟參觀博物館這兩件事自然地結合在一起，我在那裡看到一個孩子擺出準備把明信片投入郵筒的拍照姿勢，而我到倫敦時，也有在郵政博物館寄了好幾張明信片。幾天前我找到一些庸俗到不行的英國主題明信片，寄給我妹妹的孩子；相較之下，我覺得郵政博物館的明信片有品味得多。

馬利（Mali）的廷巴克圖（Timbuktu）也是二十一世紀明信片史的特殊例子。曾經，因為幾十年來讓人讀到令人屏息的旅遊文學，廷巴克圖成為最熱愛冒險的觀光客所神往的異國景點。然而，二十一世紀的地緣政治局勢卻影響了當地的觀光產業，使得過去十年來，廷巴克圖的觀光人潮頓時縮減。美國國務院在二〇一九年四月九日對想去馬利的美國人更新旅遊建議：「由於當地犯罪、恐怖主義和綁架事件頻繁，請勿前往馬利。警示等級四：不宜前往。假如你真的決定前往馬利，請擬好遺囑，並指定適當的保險受益人及（或）授權書。」[25]但現在不用親自到廷巴克圖，你也可以寄出、收到那裡的明信片。

「來自廷巴克圖的明信片」（Postcards from Timbuktu）這項計畫是由在美國克里夫蘭（Cleveland）開旅館的菲爾・保萊塔（Phil Paoletta）和二十九歲的廷巴克圖導遊阿里・尼亞利（Ali Nialy）在二〇一六年開始推動的，希望幫助導遊增加一些收入。二〇一六年時，保萊塔住在距離廷巴克圖六百英里的馬利首都巴馬科（Bamako），經營一家專門接待聯合國使節和非營利組織的飯店。保萊塔希望為廷巴克圖做點什麼，以填補觀光客銳減造成的落差（尼亞利和其他導遊知道，因為當地局勢持續不穩定，觀光客很可能有很長一段時間不會回來了）。[26]他開始實驗從廷巴克圖寄明信片到美國和歐洲需要多久的時間。最後，明信片花了幾週的時間，但總之是順利抵達。

「來自廷巴克圖的明信片」邀請「線上觀光客」到官方網站瀏覽十二張不同的明信片（有些是當代的，有些則讓人想起一九〇〇年代初期的明信片），觀光客可挑選一張喜歡的，讓尼亞利在廷巴克圖的明信片寫手團隊書寫並寄出（請見第22頁圖4）。明信片可以寄到任何郵務系統可靠的地方，購買者得提供地址。目前為止，明信片訊息有用義大利文、法文、英文、瑞典文、荷蘭文、德文和阿拉伯文書寫過。官網的問答集指出：「雖然馬利郵局很可靠，但卻不怎麼迅捷。」[27]購買完成後，明信片有可能長達四個星期才會寄達，因此官網提醒民眾務必要有耐心。

廷巴克圖的郵政服務雖然運作正常，但是要寄明信片到那裡，或從那裡寄明信片，可不是件簡單的事。把明信片從廷巴克圖送到巴馬科是很艱辛的路程，因此其售價自然要將運輸成本算進去。目前，一張明信片要價十美元，包含明信片與國際郵資。不過，「來自廷巴克圖的明信片」曾在ＩＧ更新進度，讓追蹤者查看，是這項計畫屬於二十一世紀產物的關鍵點。例如，ＩＧ帳號 @postcardsfromtimbuktu 曾在一則貼文中公告：「一批新的明信片剛從 #廷巴克圖抵達，現在要展開第二部分的旅程。它們已經搭過三輛摩托車和一輛飛機。」[28]

類似這樣的貼文可以讓人感受到，明信片真的是千里迢迢從廷巴克圖來的。我自己也曾經將那裡的明信片寄給親朋好友。「來自廷巴克圖的明信片」和倫敦郵政博物館的紀念品店使用二十一世紀獨有的方式，充分且明確地表達他們對寄明信片這個概念的歡迎。寄明信片這件事，不再是觀光客為了證實一趟旅程或一次經歷的真實性而做出的暗示舉動，現在，寄明信片本身就是一種表演，不需要我們真的去到那個地方，才能告訴親朋好友你去過了。

我外祖母把法國明信片寄過來不久後，我到德州的加耳維斯敦（Galveston）度過一個周末，旅途中在加油站買了幾張明信片，寄給家族成員。明信片已經完全深植在我對旅行的觀念裡，使我去某個地方觀光就一定要寄明信片。

我在那裡寄了一張明信片給把法國之旅紀念品寄給我的外祖母。加油站陳列的明信片種類有限，但我找到一張夕陽落在墨西哥灣，並用經典草寫字體印刷「加耳維斯敦」幾個大字的明信片。我寫下「這裡的海灘很美！」之類的話，然後把明信片投進飯店外的藍色郵筒。就像她說的，我「去過那裡」。

第五章

從已不復存在的國家寄來的明信片

見證國之興衰的有形物品

就算一個國家已死，也不表示它的民族、文化和歷史跟著地理疆界一起滅亡。住在十九和二十世紀死國的人們，他們的生命可以透過明信片等物質文化進行追溯。來自死國的明信片除了展現殖民主義、帝國的建立和國家神話的創造，也講述了社會重組的複雜歷史。

亞丁（Aden）、巴蘇托蘭（Basutoland）、巴伐利亞（Bavaria）、貝納地爾（Benadir）、比亞夫拉（Biafra）、猶比角（Cape Juby）、希斯凱（Ciskei）、科林特斯（Corrientes）、捷克斯拉夫（Czechoslovakia）、漢志（Hajez）、哈太（Hatay）、夏威夷（Hawaii）、神聖羅馬帝國（The Holy Roman Empire）、愛爾蘭自由邦（The Irish Free State）、開爾浦（Khairpur）、兩西西里王國（The Kingdom of the Two Sicilies）、克拉科夫（Kraków）、利古里亞共和國（Ligurian Republic）、洛倫索馬克斯（Louenço Marques）、馬非京（Mafeking）、馬利聯邦（The Mali Federation）、蒙特內哥羅（Montenegro）、內志（Nejd）、奧蘭治自由邦（Orange Free State）、羅德西亞（Rhodesia）、西伯利亞（Siberia）、南俄羅斯（South Russia）、唐努圖瓦（Tannu Tuva）、蘇聯（The USSR）、範迪門之地（Van Diemen's Land）、維琪法國（Vichy France）、西印度群島聯邦（The West Indies Federation）、葉門阿拉伯共和國（The Yemen Arab Republic）、南斯拉夫（Yugoslavia）、薩伊（Zaire）、桑給巴爾（Zanzibar）。

阿克雷（Acre）、波希米亞和摩拉維亞（Bohemia and Moravia）、祕魯-玻利維亞聯邦（Peru–Bolivian Confederation）、丹麥-挪威（Denmark-Norway）、阿夕尼波亞區（The District of Assiniboia）、福克蘭群島屬地（The Falkland Islands Dependencies）、黃金

海岸（Gold Coast）、瓜里奧（Gwalior）、宏都拉斯灣殖民地（Bay of Honduras）、加拉瓦（Jhalawar）、莫德納（Modena）、波斯、愛德華王子島（Prince Edward Island）、日內瓦共和國（Republic of Geneva）、瓦萊共和國（Republic of Valais）、拉布拉他河（Rio de la Plata）、薩爾邦（Saarland）、桑杜爾（Sandur）、托巴哥（Tobago）、千里達（Trinidad）、烏班吉沙立（Ubangi-Shari，中非帝國）、瓦濟里斯坦（Waziristan）、祖特潘斯堡共和國（The Zoutpansberg Republic）。

阿比西尼亞（Abyssinia）、阿連斯坦（Allenstein）、阿爾瓦（Alwar）、波雅卡（Boyaca）、卡爾納羅與阜姆（Carnaro and Fiume）、丹屬西印度群島（The Danish West Indies）、帕爾馬和皮亞琴察公國（The Duchy of Parma and Piacenza）、東卡累利阿（Eastern Karelia）、東魯米利亞（Eastern Rumelia）、埃洛貝，安諾本與科里斯科（Elobey, Annobon and Corisco）、遠東共和國（The Far Eastern Republic）、伊尼尼（Inini）、伊基圭（Iquique）、伊拉克－沙烏地阿拉伯中立區（The Iraqi-Saudi Arabian Neutral Zone）、膠州灣租借地、滿州國、馬斯喀特與阿曼（Muscat and Oman）、南甘（Nandgaon）、薩贊（Saseno）、南開賽（South Kasai）、南設得蘭群島（South Shetland Islands）、丹吉爾國際區（The Tangier International Zone）、運河區（The Canal Zone）、海峽群島（The Channel Islands）、南馬魯古（The

South Moluccas）、火地島（Tierra del Fuego）、的黎波里塔尼亞（Tripolitania）、溫哥華島（Vancouver Island）、祖魯蘭（Zululand）。

這些地名有的可能很耳熟，有的可能沒有。它們分布在六大洲、存在於這兩百年間，並且有一個共通點：今天，它們都是已死的國家。

喜歡集郵的作家萊斯．哈定（Les Harding）在《十九和二十世紀的死國》（*Dead Countries of the Nineteenth and Twentieth Centuries*）說道：「在集郵界，死國指的是曾經發行自己的郵票、但已不再發行的地方（不一定是主權國家），原因通常是因為這個地方不再存在。雖然我的確有集郵的習慣，但是會對死國產生興趣，或許是因為我就是在一個死國出生的——紐芬蘭（Newfoundland）。」[1]

國家總是變來變去。歷史充斥著變遷的國界、新興的地緣政治實體以及興衰的民族國家。在二十一世紀的今天，我們很容易把死國想成昔日地理的殘影，就像玩《戰國風雲》（*Risk*）桌遊時找到暹羅（Siam）這個地名。可是，國家的製造與再製造，仍舊占了當今地緣政治很大的一部分，社會政治的動盪與變遷，不能只歸咎於前幾世紀的殖民主義和帝國主義。

現代國家和它們的國界總是不斷更迭。舉例來說，東帝汶（East Timor）、科索沃（Kosovo）和南蘇丹（South Sudan）都位居世界上最年輕的國家行列，分別在二〇〇二年、二〇〇八年和二〇一一年建國；賈姆穆（Jammu）和喀什米爾（Kashmir）已跟巴基斯坦（Pakistan）、印度和中國爭執哪塊領土屬於哪個國家長達六十年；南斯拉夫在一九九二年瓦解，較小的南斯拉夫聯邦共和國（Republic of Yugoslavia）也在二〇〇三年滅亡；塞爾維亞與蒙特內哥羅（Serbia and Montenegro）在二〇〇三到二〇〇六年間立國，僅短短三年，之後便宣告各自獨立；克里米亞自治共和國（Autonomous Republic of Crimea）在二〇一四年被俄羅斯（Russian Federation）併吞。〔今天，俄羅斯將克里米亞和聯邦直轄市塞瓦斯托波爾（Sevastopol）作為俄羅斯的聯邦主體統治，但烏克蘭（Ukraine）、世界上大部分的政府以及聯合國大會決議，都認為克里米亞是烏克蘭的。〕總而言之，國家從來就不是靜止不變的。

這就不禁讓人想問，怎麼樣的地方才算是一個國家？英國地理學家尼克·米德爾頓（Nick Middleton）在《不存在的國家地圖集》（*An Atlas of Countries That Don't Exist*）說道：「這個概念很古老，卻也是出了名地模糊。你一開始著手尋找明確的定義，就會不斷遇到不一致、例外、打破規則的例子。」[2]我們愈是努力確立一個定義，這個問題就變得愈複雜。在地圖上畫出國界，就會形成一個國家嗎？只要有首都就算是國家？有自己的語言？共同的起源故事？國家敘事？有一個運作正常的官僚制度，以確保國家的日常事務可以持續進行下去？全球治理單位承認的合法地位？

如果上面這些都算，那麼對不符合條件的國家來說，這些標準的意義是什麼？例如克里米亞？還是存在於更大的國家之中的自治區，例如，加拿大的拉科塔（Lakotah）、丹麥的格陵蘭（Greenland）、西班牙的加泰隆尼亞（Catalonia），或是喬治亞（Georgia）的阿布哈茲（Abkhazia）或南奧塞梯（South Ossetia）等地區呢？歷史學家班納迪克・安德森（Benedict Anderson）在他的經典著作《想像的共同體》（*Imagined Communities*）表示：「『國家』是一項不可能獲得專利的發明。」他的意思是，在二十世紀初新興國家努力對抗殖民主義遺臭時，要評估「國家」的概念是很困難的，所有的自治區都還在處理這些議題。[3]然而，國家雖然很難定義，它的行政體系卻能讓我們瞭解國家身分認同是如何建立、營造和散播的。

米德爾頓認為，至少對當代國家來說，取得聯合國大會的成員資格是個不錯的起點，因為這是世界上以國家為基礎的國際組織中影響力最大的一個。可是，以這為基準同樣會讓情況變得複雜——以色列（Israel）一九四九年成為這個世界組織的成員國，但是聯合國卻有超過三十個成員國不承認以色列的存在。此外，聯合國也承認沒有完全成員資格的國家；聯合國已經正式承認巴勒斯坦這個國家，但是很多成員國卻沒有。臺灣擁有完全的聯合國成員資格，卻因為跟中國關係複雜，在世界各國沒有官方使節。聯合國承認英國是單一實體，但是這個國家卻有四個構成國，即英格蘭、威爾斯（Wales）、蘇格蘭和北愛爾蘭（Northern Ireland）。（米德爾頓指出，這四個構成國在各個體育賽事中都有自己的代表隊，只有奧運例外——奧運是另一個裁定國家身分的重要組織。）再回到塞瓦斯托波爾，我們發現把克里米亞分派給任何一個國家，在二十一世紀的第二個十年間變成一個非常明顯的政治舉動。

然而，就算一個國家已死，也不表示它的民族、文化和歷史跟著地理疆界一起滅亡。住在十九和二十世紀死國的人們，他們的生命可以透過明信片等物質文化進行追溯。比方說，數百年的殖民統治嘗試系統化地抹除原住民族的存在，顯示民族有可能從國家敘事中整個消失，而這些民族務必要努力找回自己在這個國家的歷史中的一席之地，這些民族和聯邦被迫接受強加在他們身上的統治。雖然「死國」一詞在集郵世界最為人所知，但是從已不復存在的國家寄來的明信片，也可以讓我們看見現代國家的形成、毀滅與再生。

在十九和二十世紀，西班牙、葡萄牙（Portugal）、法國、荷蘭、俄羅斯、土耳其（Turkey）和德國等殖民強權發現，在各個殖民地和屬地建立郵政制度、規範郵資和郵務路線，可帶來一定程度的控制和規範。例如，英屬索馬利蘭（British Somaliland）在一九〇三年六月一日開始發行印有屬地名稱的郵票；葡萄牙殖民地澳門則在一九二五年十一月三日發行。這類社會制度確保了一個國家或帝國的「成功」，跟帝國擴張並行好幾千年了。

二十世紀初，全球的地緣政治局勢動盪不安，戰爭、爭執和革命頻仍。大英帝國在南非打漫長又花錢的波耳（Boer）戰爭；俄羅斯帝國因為勞工和學生的抗議活動而搖搖欲墜；法國對非洲的興趣受到其他殖民勢力的威脅；德國正在實施極不對等的外交政策；日本成為西方世界以外第一個有系統地透過國家贊助推動工業化的國家，並憑靠現代化的陸軍和海軍，將帝國領土擴張到朝鮮、臺灣和旅順；美國則繼續推動擴張主義政策，在美西戰爭結束後併吞菲律賓群島。

這些國際衝突無可避免地挑戰、改變了國界和地緣政治實體。但，在這一切的過程中，人們依然會寄明信片給彼此，也依然仰賴寄收明信片所需要的社會和國家制度，例如郵政體制。明信片作為一種大規模生產的媒體，非常善於追蹤不斷演進的國家敘事，以及國家敘事在世界各地傳播的方式，但卻不太能夠反映自己宣傳特性背後的機制。比約恩・貝爾熱（Bjørn Berge）在《找不到的國度：消失國家地圖集，一八四〇—一九七五年》（*Nowherelands: An Atlas of Vanished Countries, 1840–1975*）做出簡要的結論：「國家永遠都會努力用自己希望被看待的方式呈現自己。」[4]不管是少量生產或商業量產的明信片，都是一種很有效的宣傳手法，其中可能帶有明顯的國族主義或隱晦的國家建構意涵。

於是，隨著帝國擴張、殖民統治逗留不去、政治革命造就無數國家的興亡，明信片形成了第一個全球社交網絡。來自死國的明信片除了展現殖民主義、帝國的建立和國家神話的創造，也講述了社會重組的複雜歷史。

歷史學家艾莉森・羅利在她的著作《「明信」：俄羅斯的大眾文化與照片明信片，一八八〇—一九二二年》（*Open Letters: Russian Popular Culture and the Picture Postcard, 1880–1922*）指出：「照片明信片是相當撩人的一種東西，它們的生產規模超過海報或其他流行印刷品，在（俄羅斯）帝國的各個角落都找得到，不僅能夠反映大眾文化，還具有塑造大眾文化的能力。」[5]明信片記錄了俄羅斯的地理資訊和國家建構過程，幾乎沒有其他任何人造物品做得到。

從蘇維埃社會主義共和國聯盟（Union of Soviet Socialist Republics）在一九二二年成立前流通於俄羅斯帝國境內的明信片，可看出俄羅斯經歷了四十年動盪不安的歷史，包括三場革命、兩次世界大戰和一次內戰。羅利表示，由於照片明信片不一定是由政府正式發行，「我們便能察覺當時穿梭在大眾文化中那些多元且時常相左的傾向、信念與價值觀。」[6]無論是俄羅斯人寄到國內外其他地方的明信片，抑或是從國外寄來俄羅斯的各種明信片，都看得見蛛絲馬跡。

當然，廣泛而言，來自死國的明信片可以讓我們窺見一國是如何隨著國界和地理邊界的改變而消失和重建。若把範圍限縮到俄羅斯，那裡的明信片就好比是一條歷史時間軸，透過大量生產的媒體，記錄這個國家的社會與政治變遷：先是俄羅斯帝國的擴張，接著是蘇聯的成立，再來是今天仍持續吞併其他地區的俄羅斯聯邦。

明信片在一八七〇年代大量湧入全球市場。俄羅斯郵政在一八七二年一月一日前開始出現第一批沒有郵票的素面明信片，俄羅斯郵務官員掌控了明信片的生產。一八七四年，俄羅斯跟其他二十一個國家協議遵守國際明信片規範，參加國不僅要承認寄送明信片支付的郵資，也要將明信片的大小限制在九乘以十四公分（過去一百五十年來，明信片的大小已經制定過很多次，來自不同年份和國家的明信片大小差異頗大）。

歷史數據顯示，一八七四年共同簽署伯爾尼條約的郵政總聯盟成員國，僅僅在一年後的一八七五年就經手兩億三千一百五十萬張明信片，到了一九〇〇年，它們每年處理的明信片約為二十八億張。俄羅斯政府在一八九四年十二月把明信片的壟斷權移交給內政部，聖尤金妮雅協會（Society of St Eugenia）則要到一八九八年才獲准進入俄羅斯的明信片市場，斯德哥爾摩（Stockholm）、巴黎和柏林的明信片商人方才開始販售明信片給消費者——即使當時的社會政治格外混亂，人們對明信片的熱度依舊不減。一九〇四年二月，俄羅斯政府允許人們在明信片的背面書寫訊息，俄羅斯最早出現的漫畫明信片出版了。7

這個時候的俄羅斯就跟歐美地區一樣，是全球明信片熱潮的一份子。俄羅斯從歐洲國家那裡擷取不少明信片靈感，特別是在製造方式以及放在明信片上的對象、景觀或主題，此外當然還有明信片的應用。到了一九〇〇年代，在全球很難找到沒有透過大眾媒體彼此連結的角落。十九世紀中葉到晚期的俄羅斯人都購買、寄送什麼樣的明信片呢？答案是，跟俄羅斯以外的人購買和寄送的明信片一樣——什麼都有。

「來自……的問候」是特別受歡迎的明信片樣式；此外，還有景觀、大人物肖像，尤其是沙皇家族和其他著名的政治領袖的〔維多利亞女王（Queen Victoria）允許英國王室的照片被製作成明信片，俄羅斯皇族自然不惶多讓〕；橋樑、建築，以及任何類型的工程成就（類似歐美地區被拍攝、印製成「真實照片」明信片的那些）。穿越高加索（Caucasus）山脈的知名喬治亞軍用道路（Georgian Military Road，請見第24頁相關圖片），在十九和二十世紀有很長一段時間是照片明信片的熱門主題，不管當時管理這條路的是哪一國。一九一四年的《貝德克爾的俄羅斯旅人手冊，涵蓋德黑蘭、旅順與北京》（*Baedeker's Russia with Teheran, Port Arthur, and Peking: A Handbook for Travellers*）便大肆讚揚這條道路，稱它為「全世界最美的山路」。[8] 無論是何種題材，這些明信片都小心營造出一種俄羅斯氛圍，將在世界各地流通時強化人們對俄羅斯的印象。當然，隨著遊客購買、寄送這些明信片，特定主題也會愈來愈深植於全球的「帝俄」意識之中。

從一八〇〇年代中期到俄羅斯革命，聖誕節、新年和復活節的佳節問候明信片相當受到歡迎，起初帶有非常歐式的節慶風格，通常以孩童為主角，描繪出充滿感性的畫面，使用不同語言寫成的文字說明改為俄文（請見第23頁圖1）。節慶明信片非常受到消費者的喜愛，即使革命過後政府禁止人民公開慶祝節日，這些明信片仍流通了好幾年；相較之下，即使大量製造並強制散播十月革命的明信片，這些愛國明信片卻無法獲得蘇聯民眾同等的熱情。當時剛亡國的俄羅斯所發行的節慶明信片，竟比新成立的蘇聯明信片還要受歡迎。[9]

明信片問世以來，就一直跟報紙、海報和其他印刷媒體一樣，是帝國擴張很重要的一部分。以二十世紀初的俄羅斯風景明信片為例，這些明信片有助於培養一個觀念，那就是俄羅斯的經濟發展成果和在帝國邊疆所進行的國族建構活動，應歸功於政府，而不是沙皇或東正教教會。地圖等印刷品會根據一國的地理邊界劃分國家範圍，以景觀圖像為主題的照片明信片則能創造一個國家給人的印象。當然，明信片若印有俄羅斯境內不同地緣政治分區的地圖，也很受到歡迎，上面再加上看起來很有官方味道的紋飾或紋章（領土所有權的徽章）[10]，更能塑造國家敘事。羅利說：「在照片明信片上重製的圖像以多種方式固定國界，否決了實際國界的流動性。因為沒有呈現這些變動，照片明信片建構了想像中的俄羅斯地理。」[11]

這個時期的國家建構出的明信片，很多都是用照片製成，有的是真實照片明信片，有的是把照片使用平版印刷術印在明信片上。因此，不像風景水彩畫的重製品或節日道賀明信片那樣，它們帶有真實感，就像華特·霍恩的墨西哥革命明信片或婦女選舉權運動的真實照片明信片。這些明信片強化了俄羅斯的國家建構和國族主義概念，因為照片這種素材會讓觀者對明信片提供的圖像的真實性產生信心，照片明信片很容易就被看作俄羅斯國家故事的一部分。

我針對俄羅斯的明信片歷史訪問羅利時，她告訴我：「二十世紀中葉，蘇聯政府發行明信片，用來教導學童蘇聯的地理。有時，這些明信片可以取代官方教科書。明信片比較便宜，學童拿到官方發行的明信片比拿到官方教科書容易。」[12]

當明信片反映出社會焦慮和醞釀中的國家衝突時，又是另一個複雜的故事。會購買明信片的人，不只有負擔得了旅遊的精英和中產階級。希望表達同情立場的歐洲人與流亡異鄉的俄羅斯知識分子會從西歐寄出明信片，讓明信片也參與了從西伯利亞（Siberia）延伸到莫斯科（Moscow）的反帝國主義宣傳體系。歷史學家陶比・馬修（Tobie Mathew）提供脈絡，試圖解釋明信片在當時是如何愈來愈明顯地融入政治宣傳之中：「在一九〇〇年代初期，帝國內部的情勢開始惡化。工業革命幫助出版業飛快發展，同時也壯大政治的反對聲音。」[13]明信片是建構俄羅斯國家敘事的要素，也是導致帝俄走向毀滅的推手。

雖然官方明信片是由國家媒體印製，但是有很多並不屬於官方明信片。挑戰權威的反帝國主義明信片在一八七〇年代開始出現，政府內部的郵務工作人員會攔截、審查他們認為對沙皇具有威脅的明信片。在接下來的十年，明信片為民主發聲，跟嚴密管控一切的國家媒體形成對比。明信片實在是太普及、太容易製造，儘管政府非常努力，也不可能控制所有的印刷活動，攔截所有從國外流入俄羅斯的明信片。

就像炫耀自己旅程的觀光客一樣，明信片對革命分子來說也是一種社會表現的形式。馬修說：「大部分的反政府明信片都沒有被寄出，而是親手傳遞或留作己用。」[14]因此，明信片是群眾表達異議非常有效的工具，特別是針對土地改革和審查制度等具有爭議的政策。馬修在關於俄羅斯革命明信片的研究中，提到了保羅・埃維斯蒂費夫（Pavel Evstifev）的例子，他是十九世紀的俄羅斯普通老百姓，曾在一八九八年寄一張明信片給地方議會，抱怨放牧還得繳錢。埃維斯蒂費夫說：「為什麼我們不能免費使用草地和森林？你們這些有錢人的口袋塞得滿滿的，我們卻什麼也沒有。」[15]像這樣跟政府官員的互動（或者應該說是對政府官員的批評），使用別的媒體是極難做到的。好比我們在二十一世紀的今天，使用推文標註政府機構〔＃紐約大都會運輸署（ＭＴＡ）或＃把紐約地鐵搞好〕或公司企業〔@達美航空（Delta）或@美國航空（American Airlines）〕進行抱怨一樣，明信片也可以跨越社經階層傳遞簡短訊息。明信片這種媒體可促成民主互動。

在帝國各地，社會和政治的緊張局面愈演愈烈，歷史學家尼古拉斯・利沙諾夫斯基（Nicholas Risanovsky）描寫道：「來到二十世紀，俄羅斯陷入一片混亂。全國各地都在罷工，學生抗議和動盪愈來愈頻繁，從一八九八年以降就幾乎不曾中斷。」[16]明信片記錄了政治動亂的每一個事件。

接著，在一九〇五年一月二十二日星期天，明信片參與了一九〇五年革命。沙皇尼古拉二世（Nicolas II）的皇家衛隊，朝前往聖彼得堡（St. Petersburg）的冬宮（Winter Palace）向沙皇請願的非武裝示威遊行者開槍（示威遊行者要求沙皇結束災難般的日俄戰爭，並希望通過普及選舉權）。官方數據顯示有一百三十人死亡，數百人受傷。馬修指出：「這一天後來被稱為血腥星期天（Bloody Sunday），成為全國不滿情緒的聚焦目標。由於媒體不可能在報紙上公布這起政府殺人事件，非法生產的照片明信片便成為讓人民看見故事另一面的方法。」[17]示威抗議擴及整個帝國的同時，明信片也跟著傳播到全國各地。曾經協助建立國家敘事的明信片，現在也有可能詆毀它。帝俄繼續苟延殘喘了十幾年，在此期間明信片也持續記錄它的滅亡。在一九一七年的布爾什維克（Bolshevik）革命之後，俄羅斯帝國正式以俄羅斯蘇維埃聯邦社會主義共和國的名稱重生。在之後的五年，這個國家的擴張活動大大改變了歐亞大陸的地緣政治和各國疆界。

艾莉森．羅利表示，革命團體會特地使用明信片進行「聯繫、募資和宣傳」。[18]明信片允許團體呈現自我，傳統的媒體版面則做不到這點。革命分子會將目標鎖定在他國的革命同情者，希望這些視覺文本能幫他們獲得重要的資助和聲援。如實呈現真實情況的照片明信片是爭取這些協助的強大視覺工具。

在俄羅斯境內，明信片類似新聞攝影，就像墨西哥革命期間的「真實照片」或「真實相片」明信片所發揮的功用一樣。彼得格勒（Petrograd，今天的聖彼得堡）的報社《蘇聯彼得格勒公報》（*Izvestiia Petrogradskogo Soveta*）在報攤和火車站除了賣報紙，最遲在一九一七年也已開始販售照片明信片。以無數革命烈士的肖像和事蹟為主題的明信片，可以在公眾心中和新的國家敘事中強化他們的故事。不同的革命派系在一九〇五到一九一七年間爭奪權力時，明信片也無可避免地捲入了這些權力鬥爭之中。

到了一九一八年，布爾什維克明信片開始把焦點放在某些代表性的革命人物。羅利說：「崇拜列寧的現象剛出現時，照片明信片是很重要的一部分，他的肖像是使他的政體正當化的手段之一。」[19]當列寧在一九二二年第一次中風後，身體狀況一直很差，直到他在一九二四年過世。然而，透過印有身體健朗的列寧照片明信片，可以營造他仍在積極治理國家的錯覺（請見第25頁圖3）。列寧死後，照片明信片變成官方哀悼過程的一部分，各種紀念明信片和明信片集冊迅速問世。人們為了向列寧致意而排成冗長葬禮隊伍的畫面被拍下來製作成明信片，但這些除了可以作為紀念品，也證實明信片屬於公眾哀悼表現的一部分。有的明信片呈現蘇聯民眾在莫斯科的列寧墓門口排隊等著入內參觀的景象，更強化蘇聯強大的國家建構活動。在蘇聯早期建立國族意識的過程中，不可小看明信片和宣傳的力量。

就像羅曼諾夫（Romanov）王朝在帝俄的最後幾年使用照片明信片鞏固自己的名聲，蘇聯領袖也靠這個廣受歡迎的媒體創造國家敘事，支持自己在政治上的威望。史達林（Stalin）和列寧的照片當然一直都很受到歡迎，不過蘇聯人民參與國家建設的主題也是，而這創造了一個全新的名人階級。在一九三〇年代晚期，以駕駛飛機、乘滑翔翼、跳降落傘的女性為主題的明信片，成為特別強而有力的宣傳素材（一九三〇年代的蘇聯飛行俱樂部所訓練出的駕駛員有四分之一到三分之一是女性）。歌手、舞者、演員、科學家等各行各業由國家贊助支持的明星，藉由明信片流傳到蘇聯各地，就跟國家贊助進行的建物、交通運輸和龐大基礎建設的計畫一樣。以蘇聯的帝國建設為主題的明信片是相當便宜的宣傳品，可協助蘇聯建立獨裁政治，將自己的形象投射到世界上其他地方。

但，在後蘇聯時代的今天，那些明信片都跑到哪裡去了？如同世界上大部分的明信片，它們躲在各個邊邊角角，櫥櫃、閣樓、鞋盒與資料庫都找得到它們的蹤影，有的被正式納入歷史機構的館藏中，有的則變成家族收藏的一部分。有的可以輕易找到和取用，有的則因為從未被保存或收集而消失在這個世界上。

俄羅斯帝國擴張成蘇維埃社會主義共和國聯盟之後，領土最終包括：布哈拉人民蘇維埃共和國（Bukharan People's Soviet Republic）、白俄羅斯蘇維埃社會主義共和國（Byelorussian Soviet Socialist Republic）、愛沙尼亞、今天芬蘭的部分地區〔特別是卡累利阿（Karelia）地區〕、花剌子模人民蘇維埃共和國（Khorezm People's Soviet Republic）、羅馬尼亞王國（Kingdom of Romania）的部分地區、拉脫維亞（Latvia）、立陶宛（Lithuania）、俄羅斯蘇維埃聯邦社會主義共和國、今天波蘭的部分地區、外高加索蘇維埃聯邦社會主義共和國（Transcaucasian Soviet Federative Socialist Republic）、圖瓦人民共和國（Tuvan People's Republic）以及烏克蘭蘇維埃社會主義共和國（Ukrainian Soviet Socialist Republic）。不過，蘇聯擴張的同時，也有一些屬地、地區和國家體會到地緣政治的「彈性」，變成一個個的死國。這些眾多的死國每一個都有發行過自己的明信片，協助建立不同的國族主義敘事。

就拿北英格里亞（North Ingermanland、North Ingria、Kirjasalo）為例，這個國家位於涅瓦河（Neva River）和芬蘭（Finland）之間，就在聖彼得堡的北邊。帝俄在跟瑞典（Sweden）王國打了一場漫長的戰爭後，根據一七二一年的尼斯塔德（Nystadt）和約所列出的條款，得到了利伏尼亞（Livonia）、愛沙尼亞、英格里亞、卡累利阿的部分地區以及某些島嶼。[20]

無獨有偶的是，這個和約裡面提到的國家和屬地也都是消失已久的死國，當然，那些地方依然存在。

二十世紀初，北英格里亞脫離蘇聯政權，在一九一九年一月二十三日建立一個自治國，希望之後可以被納入當時的芬蘭王國。然而，芬蘭和俄羅斯簽署塔爾圖（Tartu）和約後，這個國家在一九二〇年十二月五日又再次併入蘇聯。要找到這個國家的明信片有點困難，畢竟它只存在一年，未能發展多少觀光業和基礎建設，進而生產具有北英格里亞獨特風格的明信片；更何況，當時它還想加入另一個國家。羅利主張：「（照片明信片）只有呈現社會和諧的樣貌，顯示俄羅斯帝國主義沒有激起各地的反抗。」[21] 歷史告訴我們，沒有記錄不代表沒有發生，這往往跟小心營造的宣傳品一樣是刻意安排的結果。

若想找到北英格里亞發行的明信片，只能從被歸類到「芬蘭」或「俄羅斯」的明信片當中尋找，因為這個國家滅亡之後，經過地理與政治重組的同一個區域依然存在。一九一七年，德拉威爾州（Delaware）米德爾敦（Middleton）的當地報社《米德爾敦大事記》（*Middleton Transcript*）曾經刊登一張來自「俄羅斯明斯克（Minsk）」的稀有明信片，描述這張明信片上面有以英文、俄文和意第緒文（Yiddish）寫的——來自「俄羅斯的偉大革命時期」。今天要找到這張明信片很難，因為明斯克現在是白俄羅斯（Belarus）的首都。[22] 這些已不復存在的地理概念所留下的實體痕跡，提醒了我們一件事，那就是二十世紀的國家和帝國是充滿動態的政治實體。

羅利表示：「今天，有很多俄羅斯明信片是屬於私人收藏，沒有保存在圖書館或資料庫的公共館藏中。明信片曾經是私人收藏中備受珍視的一部分，但卻因為後代子孫不懂這些『雜物』有何價值（除了可以換錢），而漸漸被丟棄或賣掉。」[23] 雖然私人收藏的明信片愈來愈常成為大掃除的犧牲品，但因為有明信片收藏家組成的廣大社群，學術界得以對俄羅斯革命和反政府明信片的不同類別獲得更多認識。[24]

明信片將俄羅斯帝國和蘇聯的地理空間連結起來，記錄了新興經濟體、國家敘事、觀光發展的不同觀點，當然也統一了國民表現愛國主義的方式。

明信片收藏無可避免都會帶有歷史地理學的痕跡。個人收藏當然會出現來自死國的明信片，eBay偶爾也有賣家出售這種明信片（它們就是羅利口中的「雜物」）。要把從不復存在的國家寄來的明信片整理成容易搜尋的正式收藏有點棘手，不過紐約公共圖書館的圖像室倒是為歷史地理學的問題提出了一個方法。這個部門從一九一五年正式開始收集圖像，那個年份正好是明信片的黃金時代。館藏的規模大約為一百萬份，包含印刷品、照片和海報，還有擷取自書籍、雜誌和報紙的插圖。（請見第28頁圖2）

就跟圖書館的任何文本一樣，紐約公共圖書館的圖像室將歷史明信片分成兩類，訪客可以借出「流通中的明信片」，但是「參考用的明信片」則不可外借。書櫃上方的牌子清楚說明了館藏的借閱規則：「可借出或影印」、「一次只能借閱十五張明信片」、「明信片使用完畢後請拿到櫃檯歸還」。最開始的收件者在很久以前收到、閱讀這些明信片之後，圖書館又讓它們繼續流通。

我跟負責圖像室的圖書館員潔西卡．克萊恩（Jessica Cline）面對面坐在館藏室聊天時，她說：「有很多設計和時尚科系的學生會借閱復古明信片。」她拿了自己最喜歡的幾張明信片，要讓我看看館藏的明信片是多麼五花八門。克萊恩的同事、圖像室的資深館員瑞蒙．可汗也加入我們的談話，「復古明信片真的能夠喚起某個時代的風氣。」[25]

明信片被存放在二十世紀中葉購置的黑色金屬檔案櫃裡，檔案櫃的抽屜又長又窄，上面還貼一張紙警告訪客：「這些抽屜很重，請小心開啟。」這些明信片原本收藏在曼哈頓中城（Mid-Manhattan）圖書館，好幾年前我就是碰巧在那裡第一次發現這個館藏的；後來，這些收藏被搬移到圖書館的蘇世民大樓（Stephen A. Schwarzman Building）。明信片除了是學生的參考資料，也可以讓一般訪客看看圖像室收藏了什麼樣的文本。如果有訪客（克萊恩笑道：「他們通常是觀光客。」）隨意走進蘇世民大樓一樓的一〇〇室，館員會邀請並鼓勵他們瀏覽明信片的檔案櫃。克萊恩說：「人們對自己居住地的明信片很有興趣，他們總是會尋找家鄉的明信片。總是如此。」[26]

檔案櫃裡收藏了數千張明信片，大致上是根據地理位置、以明信片的來源或至少是寄發地進行排序。這很有道理，畢竟地理和地方是明信片固有的屬性，打從明信片問世之後就是如此。圖書館員杰・費瑟斯（Jay Vissers）說道：「參觀紐約公共圖書館的遊客來自世界各地。他們一得知我們有明信片，就馬上想看看他們國家的明信片，好像想要看美國人擁有的他們家鄉的圖像是什麼樣子似的。」[27]

在裝滿明信片的檔案櫃左邊最上面的第一個抽屜，有一個標籤以工整的字跡寫著「阿富汗（Afghanistan）－奧地利－飯店和餐廳」。下一個抽屜則收藏了「奧地利－（A－L）－波士尼亞（Bosnia）與赫塞哥維納（Herzegovina）」。一個又一個的抽屜繼續帶領訪客走過世界地理（例如「法國－A－法國－霞慕尼（Chamonix）」），有的專門收納特別受歡迎的地點、建築或主題（「巴黎－博物館－羅浮宮」），有的把兜不太起來的地理和字母擺在一起

（「倫敦－商店－緬因州（Maine）－河流」）。各地的海灘、森林、風景、博物館、教堂和民族，全都因為命運把它們的明信片帶到現在這個館藏，而連結在一起。

紐約公共圖書館數位典藏網站有提到這數千張明信片是怎麼來的：「主要的取得管道是收藏家和旅行家的捐贈，但是本部門長年來一直有使用各種方法收集這類時效性短的素材。例如，我們會鼓勵館員到國內外旅行時購買明信片，增加館藏的收藏量。」[28]

巧合常常發生在明信片的地理元素上。杰．費瑟斯在我們聊天過程中插話：「之前有一對夫妻來到紐約，他們來自西班牙，從館藏查找了家鄉的明信片。結果，他們找到一張明信片，上面的照片竟然是他們的房子。他們的房子耶！」費瑟斯不可置信地搖搖頭。「他們說：『我們不知道我們的房子被做成明信片！』就算是拍電影，你也不會相信的。」[29]

所以，隨便選一個抽屜吧，任何抽屜都好，這裡有來自世界各地的明信片。我在參訪期間曾打開其中一個抽屜，想探索來自美國中西部的明信片，裡面收藏了「內布拉斯加州（Nebraska）－A－Z」、「林肯（Lincoln，該州首府）」、「奧馬哈（Omaha）」及「荷蘭－A－Z」*的明信片。訪客會發現，明信片又根據不同的地理主題加以細分，使用自帶標籤的分

＊譯註：推測應該是因為荷蘭和內布拉斯加州一樣都是英文字母N開頭，所以放在同一個抽屜。

隔紙板區隔，上面以跟抽屜正前方的標籤同樣工整的字跡書寫。分隔板上字母與字母之間刻意留有相同大小的空隙，顯示這些明信片幾十年來是如何根據地理空間進行排序的。

不過，仔細看會發現，事情沒有那麼單純，每個檔案櫃的分隔板都有經歷過細微的變化。有些地名變了，像是緬甸（Myanmar）**，訪客也發現不少已不存在的國家，例如「捷克斯拉夫（Czecho-Slovakia）」。我們就像透過一張又一張的照片明信片，在觀看二十世紀來來去去的國家，整齊排列出來的歷史和地緣政治小宇宙。我們可以看到，國家與國界不是靜止不動的〔例如馬其頓（macedonia）〕，而是充滿動態的複雜政治實體，透過明信片便能反映這一點（例如中國-北京紫禁城）。明信片是這個歷史現象的完美實證，因為它們不只跟地方有關，也跟時間有關。

這個區別國家的分隔紙板有的乾脆被直接翻過來重新使用。比方說，「斯里蘭卡（Srilanka）」的分隔板背面寫的是「錫蘭（Ceylon）」，因為這座位於印度南邊的島嶼在一九四八年獨立前是英國的殖民地，當時西方人便是如此稱呼這座島嶼。這個分類底下的明信片沒有改變，也沒有重新分類，只是國家的名稱變了而已。今天，我們很容易把這些類別

** 譯註：緬甸的英文昔稱「Burma」，現稱「Myanmar」。

和國家名稱看成二十世紀殖民主義與帝國主義的殘跡，明信片除了跟觀光、旅行和節慶祝賀有關，也能把殖民地和本國領土連結起來，散播具有識別性的國家敘事。

多年來，圖書館的員工和志工持續在檔案櫃的抽屜裡添加新的分隔板，更新國家和地方的標籤。「緬甸－生活」雖然是新命名的分隔板，但是緬甸的歷史明信片若是數十年前印製的，正面寫的會是緬甸的英文舊稱。克萊恩解釋道：「館員一注意到，就會更新地理名稱（就像我們所有的分類標題一樣）。」[30] 我們愈是深入探討這些明信片的排列方式，就愈明白明信片展現了許多不同的文化階層，一層故事堆疊在另一層故事之上。從這些館藏中，我們發現了新的國家、不同的地名、政治革命、社會重組、審查制度和國際旅遊，這些全是來自使用明信片編排世界地緣政治而不斷演變的系統。

閱讀從已不存在的國家寄出的明信片，有點像在閱讀古代楔形文字泥板的譯文。這些明信片上的訊息帶有一種近乎平庸的熟悉感，就好比現代的簡訊。例如，一張標註一九七七年的薩格勒布（Zagreb）明信片便寫道：「請保存這張明信片。」但今天存在於那個經緯度的國家和文化，卻跟當時截然不同，同一個地區不只在二十世紀改變了國家，從一個國名變成另一個國名，更重要的是，這些國家的地緣政治疆界被創造出來、存在一陣子，然後死亡。

這些國家很多都已不復存在，但是它們的明信片卻會出現在超乎尋常、出人意料的地方。就像其他任何類型的明信片，這些也乘載著政治宣傳、風景地貌、旅遊誘惑和名人肖像。然而，比什麼都重要的是，來自死國的明信片將帝國境內的人民連結起來，也讓他們跟世界上其他地方的人產生了連結。明信片讓我們看見，現在已死的國家是如何透過全球社交網絡進行連結的。

基於明信片必須從一個地方寄到另一個地方的特性，它們可以告訴我們一些地理資訊，但除此之外，在二十一世紀的今天，它們還能幫助我們找到和記得不再存在的國家被隱藏起來的地理資訊。這一個個的小片段可幫我們理解文化史，是其他媒體和物質文化做不到的。來自死國的明信片是我們追蹤殖民主義、帝國以及歷史地理流動狀態的方式。

現在已經消失的唐努圖瓦（Tannu Tuva）便是一個死國地理的例子，它在併入蘇聯前，曾在一九二一到一九四四年間被正式承認為一個國家。而在那之前，這個地區（當時稱作圖瓦）曾經是俄羅斯帝國的保護國，十八世紀時被認為是蒙古的一部分。圖瓦位於亞洲大陸的地理中心，因此擁有十分複雜的政治史，俄羅斯、蒙古和中國等大型帝國都爭相將之併吞，以擴張自己的國界（順帶一提，圖瓦已經擁有七百年的郵務通訊史，比現代那些國家的社交網絡還要古老許多）。[31]

知名物理學家理察・費曼（Richard Feynman）曾在一九八〇年代嘗試造訪唐努圖瓦，使得人們在二十世紀晚期對這個地區重拾興趣；費曼的朋友兼高中老師拉爾夫・萊頓（Ralph Leighton）在《圖瓦倒栽蔥！》（*Tuva or Bust!*）一書中記錄了他的一番努力。我忍不住上eBay搜索看看能不能找到圖瓦的明信片（我在資料庫和公共館藏都沒找到圖瓦的明信片，因此推測在庸俗物件的大本營——拍賣網站——或許能淘到一些東西）。eBay沒有令我失望，我買到一張「稀有蘇聯圖瓦USSR國徽國旗西伯利亞一九六七年明信片」（請見第28頁圖1）。我想，這應該是我唯一能夠找到的圖瓦明信片了，無論是蘇聯時期或其他時期。

這張明信片正面印有蘇聯的官方標誌和圖瓦的國旗（充滿中亞的象徵），背面則寫有「蘇聯製造」（напечатано в ссср）的字樣。明信片是在莫斯科印刷廠印製，一九六七年時要價六戈比（kopek）。二〇二〇年的年初，從俄羅斯寄來這張明信片要花四點七五美元，賣家奧爾嘉（Olga）承諾短短幾週就會寄達。

回到紐約公共圖書館的圖像室，那裡的蘇聯明信片讓我對國家的地理變遷有了更多的認識。收藏中有「克里米亞（蘇維埃社會主義共和國）塞瓦斯托波爾（Sevastopol）」以及「俄羅斯－愛沙尼亞（蘇維埃社會主義共和國）」這兩個分類。克里米亞在一七八三年併入俄羅斯帝國，一九一七年成為自治共和國，最後在整個克里米亞韃靼族（Crimean Tatars）原住民人口因種族滅絕被驅逐到中亞之後，於一九五四年納入烏克蘭蘇維埃社會主義共和國。即使到了二十一世紀的今天，克里米亞的問題依舊沒有獲得解決，俄羅斯聯邦在二〇一四年併吞克里米亞自治共和國。圖像室選擇把這些明信片歸類為「克里米亞（蘇維埃社會主義共和國）塞瓦斯托波爾」，點出這些明信片的歷史背景。以集郵的標準來看，這或許是個死國，但是克里米亞仍是一個活躍多變的地區，來自「克里米亞（蘇維埃社會主義共和國）」的明信片也提醒了我們，地理政治已經跟權力與帝國的歷史交纏超過一世紀。

東卡累利阿（Eastern Karelia）這個國家在一九二二年的蘇芬戰爭（Soviet-Finnish）中，只存在短短幾個星期；奧蘭治自由邦（The Orange Free State，位於南非的一個波耳

（Boer）共和國〕在十九世紀晚期以獨立國家的身分存在了半個世紀；北歐的石勒蘇益格（Schleswig）從一八六四年延續到一八六七年；丹屬西印度群島（Danish West Indies）存在超過一百六十年。地理學家尼克．米德爾頓說：「歷史充斥著從來沒建國成功的準國家、滅亡的帝國，以及被更強大的鄰國所吞噬的國家。」[32]明信片正好記錄了十九和二十世紀透過革命、動亂或單純的國家建構出現的各種地緣政治翻轉現象。

明信片讓地理和地方有了個人連結。圖書館員潔西卡．克萊恩談到紐約公共圖書館圖像室的訪客時表示：「訪客找到家鄉的明信片時，會感覺『這張明信片代表了我或我的故鄉。』」[33]明信片是實體的東西，可以觸摸得到，因此會跟國家認同或是地圖上的某個地方產生物質連結。

我翻閱著館藏的明信片，把重點聚焦在不復存在的國家，結果意外地發現，這些明信片的構圖和題材竟然毫不令人意外。其實，我也不曉得我到底期待找到什麼。旅遊作家安雅．慕提克（Anja Mutic）在自己的出生地南斯拉夫滅亡二十多年後，造訪了同一個地區後來形成的六個國家，接著在二〇一八年寫道：「我知道感到失落的不只我一個人，但是我必須理解其他人面對我們這個支離破碎的國家所帶來的共同經歷時，擁有什麼樣的心路歷程。」[34]

我可以大膽猜測，當這些國家原本的國民在數十年後碰見當地的明信片時，心中應該會浮現一種懷舊或釋懷的感覺。杰．費瑟斯指出：「遊客參觀紐約公共圖書館的明信片收藏時，會借閱祖國的明信片，然後向自己的子女點出明信片上今非昔比的事物，例如：『這裡以前有這個東西，我記得我去過這裡和這裡。』」他停頓了一下，接著繼續說：「遊客在觀看祖國的明信片時，會產生很多回憶。」[35]

來自死國的明信片可以為社會和政治變遷提供實體紀錄，參與了一國誕生與死亡的那些個人，以及以明信片宣傳的宏偉國家敘事的那些個人，我們透過一張一張的明信片看見了。明信片連結了那些不復存在的地方與時光。

結論

明信片的來世

明信片常常是在完全無意的情況下被保存起來的，被塞在書裡、混入書信和照片中……，隨著時間過去，要探究明信片背後的意義和意圖是很費力的，因為其中蘊含的私人連結已遺失，但它們卻開始轉變成歷史文物。明信片的來生不只有保存和收集，在二十一世紀的今天，還能透過藝術、圖像學展現。

在一九五六年的七月九日，美國作家傑克．凱魯亞克（Jack Kerouac）真的受夠了。那年，維京出版社（Viking Press）表示他們有興趣買下這位屬於「垮掉的一代」文學流派的作家撰寫的《在路上》（*On the Road*）手稿，但是好幾個月過去了，卻遲遲沒有給凱魯亞克一份正式合約。凱魯亞克撰寫、修改《在路上》很多年了，他看著稿件在出版社浪費生命，感到愈來愈焦躁。維京的編輯顧問、同時也是凱魯亞克聯絡窗口的馬爾科姆．考利（Malcolm Cowley）似乎一點也不急著完成買斷流程。

於是，在一九五六年七月的某個星期一，凱魯亞克寄給考利一張典型的柯特．泰希公司明信片，正面是黃石公園（Yellowstone National Park）瀑布的美景，背面則是一段特別義正詞嚴的訊息：

親愛的馬爾科姆：你又耽擱了，沒有把我的作品寄來。我已經開始著手撰寫一部一千頁的偉大小說《垮掉的一代》（*The Beat Generation*），你要是不在十月一日前把《在路上》的合約連同預付金（或其他代替預付金的方案）寄給我，我就要把稿件從維京撤回，並賣給別人。與其讓它遭受怠慢，我寧可不出版它。以上。

傑克・凱魯亞克[1]

順帶一提，維京隔年便出版了《在路上》。

六十多年後，在網路搜尋任何有關「知名作家明信片」的清單，必定會出現凱魯亞克這張經典的明信片，Tumblr上任何關於「垮掉的一代」的貼文，也經常會看到這張明信片的圖像。明信片實體收藏在芝加哥的紐伯里圖書館，跟考利的文獻收藏放在一起。

明信片被寄出、收到、閱讀……然後呢？明信片經過一開始的流通之後，會發生什麼事？

明信片的來世展開了。有些明信片投遞後不久就被丟棄，特別是廣告或類似性質的明信片，因為收件者會馬上讀完上面的訊息或廣告內容。不過，很多明信片則十分個人，收件者會用某種方式將它們保存起來，這樣便能一再閱讀上面的訊息。保留下來的明信片，成為寄件者和收件者之間仍保有連結的實體證明。雖然明信片時效性短、可讀過就丟，但是將收到的明信片丟掉，感覺就像丟掉那份私人連結，保存明信片可以滿足感性和社交的心理。

明信片常常是在完全無意的情況下被保存起來的。明信片很容易就會被塞在書裡、混入書信和照片之中、遺忘在書桌抽屜裡，然後在令人料想不到的地方出現。例如，專門研究美國作家伊迪絲・華頓（Edith Wharton）的英語文學教授希拉・李明（Sheila Liming）曾經告訴我，她在華頓的個人藏書中找到過好幾張明信片，除了可能是華頓自己放的，也可能是管理她藏書的人士放的，像是繼承華頓部分藏書的二十世紀藝術評論家肯尼斯・克拉克（Kenneth Clark）。李明指著她在將華頓的藏書數位化的過程中，發現的一張一九七五年的明信片，說：「身為一位知名評論家和電視名人，並擁有一座城堡（更別提他那一流的藝術收藏）的肯尼斯・克拉克竟然也會像觀光客一樣，真是有趣。」[2]

隨著時間過去，保存下來的明信片愈積愈多，塞滿鞋盒與冊子。要探究這些明信片背後的意義和意圖是很費力的，因為其中蘊含的私人連結已經遺失。但，最密切的那層連結雖然消失了，它們卻開始轉變成歷史文物，而這些文物存在的時間這麼久，也讓人覺得應該把它們保留起來。在二十一世紀的今天，人們似乎不太確定該怎麼處理家族遺留下來的私人明信片收藏。我為了撰寫這本書所訪問的歷史學家、研究者、藝術家和學者之中有幾位說，他們也有這樣的家族明信片收藏，但不知道該怎麼處理，即使他們有空間可以存放。繼續保存往往比找一個社會所能接受的方法把它們處理掉還容易。其中一人說：「我覺得它們應該要有個歸屬，它們非常適合用來理解二十世紀初的歷史。但是就我個人而言，我真的不想保留了，可是我也無法狠下心把它們丟了。」另一個人指出，別人清掃衣櫥或閣樓之後，老是會把清出來的明信片「送」給他，因為他剛好在進行明信片的研究。明信片在最初的寄收過程過了很久很久以後，又重新在二十一世紀的物質時空中流通。

保存明信片是一回事，積極收集明信片又是另一回事。打從一開始，就有人在收集明信片。前面曾經說過，明信片常常是整組販售的，像是女性選舉權運動為了募資所販售的明信片套組，或是作為造訪某個觀光景點的紀念品，如馬克．吐溫參觀英國的華威城堡後購買的明信片套組。（有些非常早期的自動販賣機販售的便是明信片套組，非常受觀光客的歡迎。）明信片是要讓人購買、寄送和收取的，但也是要讓人收集的，如果想要使用比雜亂無章的鞋盒還要有條理的方法來收集明信片，明信片集冊是個能用心保存它們的好工具。例如一九〇九年的報紙便刊登了明信片集冊的廣告，只要二十五美分就能買一本裝得下一百張明信片的冊子，一點七五美元則能買到紅色皮革的燙金冊子，裝得下四百張明信片。[3]收集照片明信片的熱潮在歐洲達到全盛期時（約一八九〇年代），明信片俱樂部和協會十分常見，成員會跟彼此或海外的其他成員交換明信片。[4]收藏家會收集寄過或沒寄過的明信片，差別只是在明信片不同的階段將它保存起來。

空白明信片最初雖然都長得差不多（像是同一批印刷的明信片副本），但是在印刷完成後發生的事情，才是使明信片變得獨一無二、讓人想保存或收集它們的原因。明信片會賣給不同的人，寄到不同的地方。詩人兼出版人湯瑪斯．A．克拉克（Thomas A. Clark）在二〇〇〇年寫了一篇文章〈晨間郵件〉（"By the Morning Post"）介紹蘇格蘭藝術家伊恩．漢密爾頓．芬利（Ian Hamilton Finlay）所設計的明信片展覽，裡面寫到：「每張明信片都是一個原創的概念，不是解釋。如果你擁有這些明信片的任何一張，你便擁有這位藝術家的原創作品，它不會讓你想起某個存在於其他地方、你可能或可能沒有看過的東西，而是跟你共享同一個空間，直接跟你對話。」[5]

所以，怎麼樣才稱得上是收藏，而不是隨便一堆明信片？明信片收藏跟任何東西的收藏一樣，重點在於它們對收藏者而言代表了什麼。專門研究藝術犯罪的教授艾琳．湯普森（Erin Thompson）在《擁有：從古至今的私人收藏家祕史》（*Possession: The Curious History of*

Private Collectors from Antiquity to the Present）說道：「收藏是個很奇妙的行為，幾乎每個人都有自己的收藏，無論他們收藏的東西多麼少。各種自然和人造物品都有人收藏，不管是俄羅斯彩蛋或剪下來的指甲。整個人類史上都找得到這些收藏。」[6]

明信片收藏處處可見，各種類型都有。一些有關明信片的書籍會展示特定種類的明信片，或是列出特定場景或類型的明信片名錄；有些正式收藏的收藏家會跟稀有藝術和書籍的收藏家一樣，基於同樣的金錢動機管理明信片；有些正經的收藏家致力收集某一刷次的所有明信片或湊齊某個套組；有些透過明信片的圖像講述歷史的展覽在策展和收藏的界線之間遊走，像是倫敦大學在二〇一八年舉辦的「從馬德拉斯到邦加羅爾」展。歷史學家肯尼斯．佛洛瑞說：「收集選舉權運動的明信片令人著迷的一點是，我們得以看見和分析推特尚未問世之前人們對歷史做出的反應。」[7]歷史上出現過無數張明信片，收集明信片的方式自然也有無限多種。讀者，我可以向你保證，無論某個明信片的類別看起來多麼小眾，一定有某個人在某個地方收集過這個類別。

所以，只要收藏家覺得有意義，無論是哪種明信片的主題都有可能收藏，維多利亞時代的收藏家收藏明信片的理由，可能就跟二十一世紀的資料庫管理員很不一樣。由於明信片在本質上不是一種稀缺性物品，所以收藏明信片的方式和原因，就跟明信片本身的主題、印刷技術和類別一樣多元、繁多。

對於把收藏視為一種金錢、歷史或文化投資形式（而非一種紀念品）的私人收藏家來說，市場上永遠都有名人週邊物品可以購買和收集，而明信片的收藏似乎也不例外。一八四〇年由富勒姆的西奧多・胡克先生繪製寄出、被認為是史上第一張的那張明信片，在二〇〇二年登上拍賣會，提供私人收藏家擁有一件獨特郵務史文物的機會。BBC報導了這起破天荒的拍賣事件：「物品最後以兩萬七千英鎊成交，但是加上佣金和增值稅，實際的總價為三萬一千七百五十英鎊。」[8]

能讓收藏家跟知名事物沾上邊的明信片，自然是人們為什麼想要收集它們、而不收集其他無數明信片的原因。在二〇一四年的九月，史古納（Skinner）拍賣行拍賣一批新發現的傑克・凱魯亞克週邊物品，最早可追溯到一九三九年。《洛杉磯時報》（*Los Angeles Times*）報導，這批拍賣品包含十七封完整的信件、兩張明信片和七份「受到破洞顏料桶的顏料外漏而遭受嚴重損壞」「內容豐富的片段」稿件。「雖然這批拍賣品的細節有些仍在進行最後確認，但那十七封信將個別賣出，一件預估價值兩千到五千美元。」[9]凱魯亞克的莊園估計價值三千萬美元，不難想見這些明信片的價值為什麼不只跟它們存在的壽命有關（我在eBay就能以幾美元的價格買到風格類似的復古明信片），更跟它們曾被凱魯亞克本人持有的這一點有關。

不只有名人可以造就讓人爭相收集的昂貴明信片，惡名昭彰的壞人也可以。二〇一八年四月，一張據說是由開膛手傑克（Jack the Ripper）寄出的明信片登上拍賣會。根據BBC的報導，這張明信片原本屬於倫敦警察廳（Metropolitan Police）的一名警官，他在一八六六年從警界退休時得到這張明信片作為紀念，後來明信片傳到他的遺孀手裡。拍賣商聲明：「這張明信片可以肯定是那個時期的，而且確實來自警方。」

明信片標註的日期為一八八八年十月二十九日，地址欄以大大的字體寫下「致大街伊令警察局的警官」（To the High Street Ealing Police Station Sergent.）。這張明信片在明信片中算蠻小張的，大小為七乘以十二公分。在明信片寫有地址的那一面，右上角有一張蓋了郵戳的半便士郵票，圖案是維多利亞女王（Queen Victoria）的側像（這時候的明信片還沒有圖片和分區格式）。背面寫著：「注意，我鎖定了兩名女子，我打算殺了她們，我的刀狀態還很好，是一把學生刀，希望你們喜歡這顆腎臟。我是開膛手傑克。」位於肯特郡福克斯通（Folkestone, Kent）的宏大拍賣（Grand Auctions）估計這張明信片可以賣六百到九百英鎊。結果，一位英國私人收藏家「跟一個美國人激烈爭奪這封稀有信件」之後，以兩萬兩千英鎊的價格將它買下。[10]

再一次，擁有獨特生命史、能夠符合整體文化完形——把一張明信片跟其他無數張長得一模一樣的明信片加以區別的要素——的明信片，經常是某張明信片會被人收藏的原因。藝術家兼作家的傑瑞米・庫珀（Jeremy Cooper）便花了六年時間小心收集了二十世紀中葉和晚期知名藝術家的明信片，包括約翰・藍儂（John Lennon）、小野洋子以及賈斯伯・瓊斯（Jasper Johns）。ArtDaily.com 表示，庫珀的收藏甚至還有來自一九八〇年代的明信片，描繪「噴在廣告看板上的尖酸刻薄女性主義者塗鴉」。[11]

所有不同的明信片類別都經過藝術家的手，以某種方式透露他們的藝術風格，進而透露庫珀這些收藏蘊含的風格。二〇一九年，大英博物館（British Museum）舉辦一個名為「這個世界存在的目的是要變成一張張明信片」（*The World Exists to Be Put on a Postcard*）的展覽，展示了庫珀收藏裡的三百張明信片。庫珀收藏這些明信片，最終是打算捐贈給能交託明信片的公共信託機構。

藝術史學家艾琳・湯普森問道：「所以，究竟是什麼驅使收藏家進行收藏？找出這個問題的答案很重要，因為收藏可能形塑我們對世界的認知，也可能影響我們對過去、當然還有未來的認識。」[12]今天，大部分收藏家的收藏方向可分成三大類：地方（地理、風景等，或是地形景觀）；藝術明信片（有些收藏家稱之為「迷你藝廊」）；主題（交通運輸或紀念性建築）。趨勢和品味會隨著時間改變，每位收藏家認為時尚的東西不盡相同。但對許多收藏家而言，親眼看見實物所能發揮的力量，比在網路上看見明信片的圖像還要強大。被收藏的東西或許會變，但是收藏的行為卻不會改變。

編輯、出版《照片明信片月刊》（*Picture Postcard Monthly*）三十五年的布萊恩・隆德（Brian Lund）在訪談中告訴我：「我覺得這有點像黑膠唱片。擁有唱片比在網路上串流音樂更個人，而明信片對收藏家來說也具有同樣的那種連結。這感染了年輕的世代。」隆德也點出，把明信片跟收藏家連結起來，會產生一種個人的物質連結。他說，雖然明信片是一種「可讀過即丟」的媒體，但是「明信片卻有辦法存留得很久」。明信片最初的那層連結是非常個人的，重新開始流通之後也是。[13]

收藏圈內人有點擔心，就像一般人對明信片本身愈來愈沒興趣一樣，人們對收藏明信片的興趣正逐漸減少，尤其是那些沒那麼認真的收藏家。現在，明信片是美國第三大的收藏品，僅次於郵票和硬幣，但在過去，它們受歡迎的程度比這還高。今天，最大的收藏者是資料庫和圖書館等機構，收集到的明信片會被加進原本就有的素材文物。有些收藏（如傑瑞米．庫珀的收藏）已正式納入這些機構的館藏，會繼續在那裡保存下去，就像這些機構的訪客可以瀏覽的其他藝術作品或文物。法國安提伯（Antibes）的明信片博物館便展示了數以千計的明信片讓訪客觀看。

有些明信片收藏則好比這個產業的歷史登記簿一樣，例如紐伯里圖書館龐大的柯特．泰希收藏。我想知道我寄到猶他州普洛伏給外甥女的那張柯特．泰希明信片來自哪一個年份，便上網查詢明信片上面標註的序號，那個資料庫對學術和獨立研究者以及專業收藏家來說相當好用。當然，我有暗示外甥女，這張明信片十分古老，希望她能保存下來，這樣收藏的循環就能持續下去。換句話說，明信片收藏會衍生更多明信片收藏。

明信片的來生不只有保存和收集這兩條路可以走。在二十一世紀的今天，明信片找到了新的場域，包括藝術、圖像學。此外，在這個時代，無所不在的數位「即時性」成為訊息應該寄發與接收的預設方式，有些人為了推翻這個假定，也會刻意使用明信片這種「慢通訊」形式。人們或許不像從前那麼常寄明信片了，但是明信片仍有各種發揮影響的方式，它依然是通訊的一種物質形式和文化象徵。

我要再次回到這個問題：「現在還有人會寄明信片嗎？」答案雖然是「沒有，人們已經不像過去那麼常寄明信片」，卻也是「有的」。還是有人會寄明信片，而且很多理由就跟幾十年前一樣，明信片比較個人、它們會說故事、它們會把不同地方的人連結起來。明信片在二十一世紀雖然不是以億為單位在寄送，卻還是會透過實體社交網絡連結人與人的關係，這層個人連結是讓明信片如此獨特、難以抗拒的原因。美國的「寫明信片給選民」計畫（請見第32頁圖3），就是二十一世紀的明信片與眾不同的一個例子，根據這個計畫的網站，這些明信片是「志工為目標選民親筆寫下的友善提醒，要幫助民主黨在東西兩岸勢均力敵的重要競爭中獲得贏面。」[14]換句話說，這層寄件者與收件者之間的個人連結是電子郵件自動化分散系統、推特和ＩＧ文無法建立的。

不過，除了寄送全新的明信片，二十一世紀也透過藝術和工藝重新流通老舊的明信片，讓它們有了新生命。例如，Etsy的匠人商家便將復古明信片剪裁後，重新做成帶有破舊感的時髦手工藝品，或是販售具代表性的明信片「重製品」。當代的英國攝影師馬丁·帕爾（Martin Parr）發表了一系列的「無趣」明信片，個別觀看時的確平庸乏味，但是擺在一起卻能呈現英國的視覺和社會史。美國當代藝術家蘇珊・布魯姆（Suzanne Bloom）和艾德・希爾（Ed Hill）則使用明信片進行「現在與當時」（*Now and Then*）計畫，要點出大眾媒體歷久不衰的文化效應，他們拍攝的明信片照片，讓他們多年來收到或收集的明信片可以重新流通在新的觀眾面前。[15]

幾十年前曾被人購買、署名、寄出的明信片，現在或許會透過更廣大的另一群觀眾流通。今天的觀眾仍理解明信片的圖像意涵——觀光、宣傳、地理上的距離等，這讓當代藝術中的明信片成為很容易辨識的象徵符號。藝術界在使用明信片時，十分仰賴明信片所傳達的社會象徵、地理連結和溝通圖像學。即使是從來沒寄過或收過明信片的人，即使是從來沒有實際跟這個社交網絡或這種印刷媒體互動過的人，也知道明信片的用途是什麼。

美國藝術家佐伊・倫納德（Zoe Leonard）巨大的明信片裝置藝術作品〈你看，我終究在這裡〉（*You see I am here after all*, 2008）利用的便是這一點。這件裝置藝術展示了三千八百五十一張尼加拉瀑布的復古明信片（請見第31頁相關圖片），由紐約的惠特尼美術館（Whitney Museum of American Art）將它放入「調查」（Survey）這個展覽的一部分。「調查」大規模回顧了倫納德的作品，展出時間為二〇一八年三月二日到六月十日。倫納德的作品顯示，明信片收藏不只是將明信片當成文物保存或展示而已，還帶有目的和美學意圖，融合了歷史、文化與科技。

〈你看，我終究在這裡〉的明信片組裝完畢之後，整件作品的長寬約為三點六二公尺乘以四十四點八公尺。這件裝置藝術令觀者馬上感到驚訝的地方，就在它的大小和規模，這或許是在模仿明信片本身在社會上龐大的觸及範圍和社交網絡。這些明信片一看就知道是明信片（除了標準的明信片尺寸和形狀，色彩明亮飽和的圖像當然也是線索之一），但是觀者得更靠近作品檢視，才會發現它們全都是尼加拉瀑布這個知名景點的明信片。說不定，有些明信片會在正面說明照片拍攝的景象是什麼，如「從展望點觀看」、「從露娜島（Luna Island）觀看美國瀑布（American Falls）及新彩虹橋（New Rainbow Bridge）」或是「馬蹄瀑布（Horseshoe Falls）」。[16]

〈你看，我終究在這裡〉作品的明信片，以細微的方式進行分類擺設，彷彿倫納德是在進行正式的考古年代序列。觀者馬上就能看出不同的色區，有些地方偏藍，有些地方呈現復古的深褐色色調；有些明信片採用傳統風景照的水平形式，有些則是垂直擺放，以捕捉瀑布的大小和規模。但是，每一種「類型」的明信片其實都簇擁、排列、展示在其他跟它一樣的明信片旁邊。觀者開始分析〈你看，我終究在這裡〉的微妙意涵，便會發現倫納德是希望透過不同的明信片技術和涵蓋幾十年時間的信函，帶領觀者走過尼加拉瀑布的歷史。觀者很快就能體認到，這些明信片雖然是量產商品，卻不存在完全相同的。仔細察看，便會發現有的明信片邊邊角角受到磨損，有的明信片正面被寫了訊息，有的明信片正面蓋有郵戳，有的明信片出現折痕和皺褶，是光陰為明信片這種可讀過即丟的媒體留下的痕跡。

當初寄出這些明信片的人絕對想不到，數十年後他們的明信片會被這樣重新賦予意義、重新塑造。站在這面裝置藝術牆的前方，很難不去想這同樣一組景觀——管它是尼加拉瀑布或是維吉尼亞（Virginia）瀑布——竟能創造出數以百計、甚至數以千計的訊息。仔細看看任何一張個別的明信片，你說不定就能一窺某個人生命的一個小片段，因為有些寄件者選擇在明信片的正面書寫訊息，而不是背面，例如：「一九〇七年七月二十二日。親愛的史黛拉：妳想不想看看這個地方？寄張明信片給我吧，我到克萊頓（Clayton）也會馬上寄一張給妳。愛你們所有人的莉茲上。」由於明信片展示的都是圖像那面，我們不可能知道訊息是從哪裡寄出的，但可以假定的是，它們全都來自照片上的那個觀光景點。倫納德的作品為這些物品帶來新生命，把它們變成獨一無二的物質社會史收藏。

我們再回來聊聊明信片需要參與感的問題。寄件者除了一開始必須購買明信片，也必須在明信片背面寫下文字，然後把它寄出去。在明信片重新流通的每一個例子中，它們的來世依然需要參與感——圖書館、資料庫、藝術和工藝領域的明信片收藏，還有裝滿家族明信片的鞋盒，仍需要有人參與、流通，這些照片明信片才能真正成為明信片。

寫一本有關明信片的書，聲稱明信片是需要個人參與的大眾媒體，自己卻不大量寄出明信片，感覺實在說不過去。我很好奇，明信片現在已經不像過去那麼常見，如果把它當作日常進行文字通訊的手段，會是什麼感覺？而且還是在郵件本身都已經過時，寄明信片需要付出的心力比單純傳簡訊還要多的二十一世紀？親手寄明信片能讓我了解明信片的什麼，是單純在資料庫瀏覽明信片做不到的？我已漸漸把明信片視為跟快速數位通訊唱反調的違逆手段，我想知道寄一則到達速度很慢的訊息，以及必須耐心等待回覆的感覺是什麼。

我開始寄以德州（Texas）奧斯汀（Austin）為主題的明信片，給住在亞利桑那州（Arizona）我妹妹的小孩，想讓他們看看這座城市長什麼樣子，像是市政府大樓、淑女鳥湖（Lady Bird Lake）、奧斯汀極限音樂節、國會大道橋（Congress Street bridge）的蝙蝠群落等。Z世代的孩子知道明信片是什麼（我明確問過他們），但他們說從來沒有親眼看過明信片或收過明信片。明信片是從「不是家鄉」的某個地方寄來的有圖片的訊息，這個概念就算是從來沒有寄過或收過明信片的人也知道。他們知道明信片的用途是，將簡短的訊息從一個人傳遞給另一個人，但是也說明信片跟使用Google Hangouts傳簡訊感覺不一樣。另一方面，我的兩位祖母覺得我寄給她們的明信片很好玩，帶有返璞歸真的感覺，讓人有點懷念手寫的郵寄通訊。

我的明信片通訊活動很快就得到愈來愈大的推力。我在丹麥、義大利、法國都有寄明信片給外甥們，其中一個女孩告訴我：「我喜歡來自不同國家的明信片，會讓我希望有一天能去那裡看看。」我在紐約的博物館找到一些藝術印刷品，便寄給我的祖母；我買了帶有諷刺雙關的明信片，然後雀躍地等待收件者終於收到明信片之後，傳翻白眼或嘔吐的表情符號給我；我在為這本書做研究時發現廷巴克圖的明信片計畫，便買了幾張，可以透過IG追蹤寄送進度；以夕陽、陳腔濫調、廣闊景觀為主題的明信片，我全都買過、寫過、寄過；當我在蒙古找不到實體明信片時，我便開啟手機上一個可以把照片變成明信片的應用程式，打進訊息內容和收件者地址。

如此頻繁、可預測又系統化地寄送明信片，並不容易。首先，雖然明信片還買得到，卻不是到處都買得到，我有到過不少地方想要找明信片卻空手而回。亞利桑那州的圖森（Tucson）有間特別陰森的加油站，我曾在那裡找到跟機油和糖果棒放在一起的沙漠主題明信片。明信片正面的色調和排版簡直像是來自一九八七年，但是不管，我還是把沙塵拍掉，投了幾張到郵筒裡。即使是有賣明信片的地方，也往往沒有大量的庫存或多樣的選擇。有紀念品店的地方會賣明信片，但是要不小心撞見明信片很難。明信片在這一點變了——它們還是存在，但不是無所不在。

我持續寄明信片給親朋好友，很多人會選擇在ＩＧ或推特上發布這些明信片的照片。這又是當代明信片的另一種來世——公開證實一張明信片已經收到了。發布一則照片明信片的照片貼文，就像把一個舊的社交網絡跟另一個新的社交網絡互相結合一樣，是一個有趣的歷史轉折。

我們寄明信片的頻率和理由雖然跟上一個世紀的人不一樣，但是明信片演化至今，已形成一個獨特的文化現象。過去，明信片被視為時效性短、讀完即丟的東西（因為到處都有明信片）；今天，它們因為寄件者必須付出心力（找郵票、地址和郵筒等等），而讓收件者銘感於心。明信片是「嘿！我想到了你！」的實體物質展現；把明信片的照片發布在社群媒體上，則是在回饋那樣的念頭。

一百多年來，我們一直都有聽到別人說明信片就快要消失了，可是我們還是不斷看見、遇見、知道它們，就跟幾十年來一樣。在仍有人販售、購買、書寫、寄送明信片的地方，我們還是可以看到它們；在二十一世紀的社群媒體，我們也還是看得到它們的影子，因為任何人在社群媒體上發布過的任何迷因、任何自拍以及任何空洞或重要的東西，在某一個時間點都跟明信片有著異曲同工之妙。二十一世紀充斥著明信片，它們透過藝術、象徵符號和圖像學重新流通。

我相信，明信片之死是被嚴重誇大的消息。

《明信片串起的交流史》是一本關於社交網絡的書，如果沒有同事、朋友、家人和其他研究者付出的時間、興趣、專業與熱忱，我不可能寫成這樣的書。因此，我要鄭重感謝以下這些人：蘇珊・布魯姆、詹姆斯・伯尼斯（James Burnes）、安德魯・克雷曼（Andrew Clayman）、潔西卡・克萊恩、卡特・艾雪（Kat Escher）、傑森・法曼、米奇・福拉斯、托德・弗勒（Todd Fuller）、丹尼爾・吉福德、艾德・希爾、瑞蒙・可汗、希拉・李明、布萊恩・隆德、寇特妮・米德（Courtney Meador）、瓊・紐貝格（Joan Neuberger）、瑪麗莎・尼克西亞、梅根・拉比（Megan Raby）、艾莉森・羅利、凱斯琳・謝帕德（Kathleen Sheppard）、杰・費瑟斯以及莉莉安・韋斯伯格（Liliane Weissberg）。

很多機構都好心地讓我查閱它們的明信片收藏，對我的研究很有幫助：德州大學奧斯汀分校（University of Texas at Austin）的歷史研究學院（Institute of Historical Studies）、館際借閱服務和圖書館員（德州大學奧斯汀分校），還有最重要的——紐約公共圖書館的圖像室。荷莉・澤姆斯塔（Holly Zemsta）在許多早期的稿件中大方分享了她的想法；我的編輯薇薇安・康斯坦丁諾普洛斯（Vivian Constantinopoulos）協助把這項計畫從抽象的概念變成實體書；身為編輯主任的瑪莎・杰（Martha Jay）將這項計畫監製完成。

過去幾年來，我有不少家族成員——潔塔・布魯爾・胡伯（Jetta Brewer Huber）、莫娜・普洛克托（Mauna Proctor）、貝托爾德・溫斯坦（Berthold Weinstein）與瑪塔・溫斯坦（Marta Weinstein）——把自己的私人明信片收藏挖出來，為了這項計畫跟我分享他們的回憶和假期紀念品。

「明信片」計畫有一個十分個人的精彩之處，那就是我在撰寫期間寄了非常非常多明信片給家族筆友。我非常喜歡每個星期跟他們交換明信片，這些家族筆友是我的祖母芭芭拉・赫利克（Barbara Herrick）和外祖母瑰娜薇爾・桑德伯格（Guenavere Sandberg），以及我的外甥們——艾許莉・布魯爾（Ashley Brewer）、柯爾頓・布魯爾（Colten Brewer）、艾葳・布魯爾（Ivy Brewer）、茱莉・布魯爾（Julie Brewer）、卡莉・布魯爾（Karlie Brewer）和琳賽・布魯爾（Lindsey Brewer），他們這些年來全都熱切地跟我分享他們對明信片的想法。我要特別謝謝柯爾頓・布魯爾貢獻了他的藝術作品（請見第32頁圖1）；我的妹妹莫莉・派恩（Molly Pyne）總是樂於提出一些點子，跟我一起探究明信片和Instagram之間的異同。

我的父母史提夫與桑雅・派恩（Steve and Sonja Pyne）在明信片這方面帶給我不小的影響。小時候，父親從各地寄回家的明信片使我深信，這個世界充滿了刺激好玩的地方。我很感謝母親桑雅保管了本書討論到的家族明信片，填補家族的歷史。沒有她的貢獻和專業，這本書不可能寫成。

我的女兒艾斯特・派恩－賽伯特（Esther Pyne-Seibert）在我即將完成稿件的編輯時，開心地寄了她的第一張明信片（我肯定未來還有很多張）給爺爺奶奶。我最感謝的人是斯坦・賽伯特（Stan Seibert），因為他總是能夠體諒我的「寫作歷程」、對這個主題充滿興趣，而且總是樂觀地相信這本書終究會寫成。

導論　昔日的發明與今日的再發明

1 Daniel Gifford, "Rural Americans, Postcards, and the Fiscal Transformation of the Post Office Department, 1909–1911," in *The Winton M. Blount Postal History Symposia: Selected Papers, 2010–2011* (Washington, DC, 2012), pp. 77–84.

2 Alison Rowley, phone interview, February 3, 2020.

3 Raymond Khan, interview, October 31, 2019.

4 Jia Tolentino, "The Age of Instagram Face," www.newyorker.com, December 19, 2019.

5 Daniel Gifford, *American Holiday Postcards, 1905–1915: Imagery and Context* (Jefferson, NC, 2013), p. 1.

6 Daniel Gifford, "Golden Age of Postcards," www.saturdayeveningpost.com, December 12, 2016.

7 Frank Staff, *The Picture Postcard and Its Origins*, 1st edn (London, 1966); Martin Willoughby, *A History of Postcards: A Pictorial Record from the Turn of the Century to the Present Day* (London, 1994).

8 "Postcard History," Smithsonian Institution Archives, www.siarchives.si.edu/history, September 19, 2013.

第一章　簽名、貼郵票、寄出——郵政的歷史，從史前說起

1 Daniel Gifford, "Rural Americans, Postcards, and the Fiscal Transformation of the Post Office Department, 1909–1911," in *The Winton M. Blount Postal History Symposia: Selected Papers, 2010–2011* (Washington, DC, 2012), p. 81.

2 Ibid.

3 Ibid., p. 78.

4 Michael Todd, "A Short History of Home Mail Delivery," www.psmag.com, February 6, 2013.

5 Samuel Kernell and Michael P. McDonald, "Congress and America's Political Development: The Transformation of the Post Office from Patronage to Service," *American Journal of Political Science*, XLIII/3 (1999), pp. 792–811; Devin Leonard, *Neither Snow nor Rain: A History of the United States Postal Service*, reprint edn (New York, 2017).

6 Gifford, "Rural Americans, Postcards, and the Fiscal Transformation of the Post Office Department."

7 Daniel Gifford, "Golden Age of Postcards," www.saturdayeveningpost.com, December 12, 2016.

8 "The Postcard 'CRAZE,'" *The Times-Democrat* (New Orleans, Louisiana), January 2, 1909, p. 6.

9 Gifford, "Rural Americans, Postcards, and the Fiscal Transformation of the Post Office Department."

10 Ibid.

11 Ibid.

12 Christopher Browne, *Getting the Message: The Story of the British Post Office* (Stroud, 1993).

13 Fred Bassett, "Wish You Were Here! The Story of the Golden Age of Picture Postcards in the United States," www.nysl.nysed.gov, August 16, 2016.

14 "Oldest Postcard Sells for £31,750," www.bbc.com, March 8, 2002.

15 Frank Staff, *The Picture Postcard and Its Origins*, 1st edn (London, 1966), pp. 46–7.

16 Ibid., p. 84.

17 Ibid., p. 87.

18 Ibid., p. 53.

19 Ibid., p. 49.

20 "Postcard History," Smithsonian Institution Archives, https://siarchives.si.edu/history, September 19, 2013; Browne, *Getting the Message*.

21 Jason Farman, *Delayed Response: The Art of Waiting from the Ancient to the Instant World* (New Haven, CT, 2018).

22 Ibid., pp. 165–6; R. H. Mathews, "Message-sticks Used by the Aborigines of Australia," *American Anthropologist*, X/9 (1897), pp. 288–98.

23 Jason Farman, interview, February 11, 2020.

24 A. Leo Oppenheim, *Letters from Mesopotamia: Official, Business, and Private Letters on Clay Tablets from Two Millennia* (Chicago, IL, 1976).

25 Gerd Gropp, "The Development of a Near Eastern Culture during the Persian Empire," in *Mehregan in*

Sydney: Proceedings of the Seminar in Persian Studies During the Mehregan Persian Cultural Festival, Sydney, Australia 28 October–6 November 1994 (Sydney, 1998).

26 Leonard, *Neither Snow nor Rain*, pp. 5–6.

27 Lionel Casson, *Travel in the Ancient World* (Baltimore, MD, 1994).

28 Kenneth A. Wood, *Post Dates: A Chronology of Intriguing Events in the Mails and Philately* (Albany, NY, 1985), n.p.

29 Ibid.

30 Staff, *The Picture Postcard and Its Origins*.

31 Wood, *Post Dates*.

32 Staff, *The Picture Postcard and Its Origins*, p. 59.

33 Martyn Lyons, *Ordinary Writings, Personal Narratives: Writing Practices in 19th and Early 20th-century Europe* (Bern, 2007); Esther Milne, *Letters, Postcards, Email: Technologies of Presence* (New York, 2010).

34 As quoted in Staff, *The Picture Postcard and Its Origins*, p. 76.

35 Daniel Gifford, *American Holiday Postcards, 1905–1915: Imagery and Context* (Jefferson, NC, 2013), p. 1.

第二章　明信片的量產——墨水、紙張、印刷，以及參與感，構成個人化明信片

1 Walter Benjamin, *The Work of Art in the Age of Mechanical Reproduction* (London, 2008).

2 Celeste Olalquiaga, *The Artificial Kingdom: A Treasury of the Kitsch Experience*, 1st edn (New York, 1998), pp. 16–17.

3 Lydia Pyne, "Five Centuries of Play Between Word and Image," www.hyperallergic.com, October 10, 2018.

4 Colin H. Bloy, *A History of Printing Ink, Balls and Rollers, 1440–1850* (London, 1991), p. 1.

5 Ibid.

6 Ted Bishop, *The Social Life of Ink: Culture Wonder and Our Relationship with the Written Word* (Toronto, 2014), pp. 99–100.

7 Lydia Pyne, "A History of Ink in Six Objects," www.historytoday.com, May 16, 2018.

8 Bloy, *A History of Printing Ink, Balls and Rollers*, p. 98.

9 Mark Kurlansky, *Paper: Paging through History*, 1st edn (New York, 2017), p. 117.

10 Ibid.

11 Marissa Nicosia, interview, July 24, 2019.

12 Tessa Watt, *Cheap Print and Popular Piety, 1550–1640* (Cambridge, 1999), p. 11.

13 Ibid.

14 Ibid.

15 Ibid., p. 5.

16 Margaret Spufford, *Small Books and Pleasant Histories: Popular Fiction and Its Readership in Seventeenth-century England* (London, 1981), pp. 118–19.

17 Jeffrey L. Meikle, *Postcard America: Curt Teich and the Imaging of a Nation, 1931–1950* (Austin, TX, 2016); Ben Marks, "How Linen Postcards Transformed the Depression Era Into a Hyperreal Dreamland," www.collectorsweekly.com, accessed January 29, 2016.

18 "The Postcard 'CRAZE,'" *The Times-Democrat* (New Orleans, LA), January 2, 1909, p. 6.

19 Watt, *Cheap Print and Popular Piety, 1550–1640*; Patricia Fumerton, Anita Guerrini and Kris McAbee, eds, *Ballads and Broadsides in Britain, 1500–1800*, 1st edn (Farnham, 2016).

20 Meikle, *Postcard America*, p. 3.

21 Ibid., p. 18.

22 Ibid., p. 29.

23 Phil Saunders, *Prints and Their Makers* (Princeton, NJ, 2020), p. 28.

24 Meikle, *Postcard America*; "MetroPostcard Guide to Postcard Printing Techniques 4," www.metropostcard.com, accessed April 11, 2020.

25 "Help Wanted, Female," *Chicago Daily Tribune*, September 11, 1906, p. 14.

26 "Help Wanted, Male," *Times Union* (Brooklyn, New York), April 23, 1910, p. 13; "Help Wanted, Male," *St. Louis Post-Dispatch* (St. Louis, MO), April 24, 1910, p. 2B.

27 Meikle, *Postcard America*, pp. 50–57.

28 Marks, "How Linen Postcards Transformed the Depression Era Into a Hyperreal Dreamland."

29 Ibid.

30 Marks, "How Linen Postcards Transformed the Depression Era Into a Hyperreal Dreamland."

31 Meikle, *Postcard America*, p. 33.

32 Ibid., p. 32.

33 Ibid., p. 37.

34 Ibid., pp. 36–8.

35 Mark Simpson, "Postcard Culture in America," in *The Oxford History of Popular Print Culture* (Oxford, 2011), p. 179.

36 James N. Carder, "Curt Teich Co. Curteich–Chicago / C. T. American Art / C. T. Art–Colortone," www.doaks.org, accessed February 24, 2020.

37 Joni Hirsch Blackman, *This Used to Be Chicago* (St. Louis, MO, 2017), pp. 44–5.

38 "Curt Teich Postcard Archives Collection," www.newberry.org, accessed January 23, 2018.

39 Meikle, *Postcard America*, p. 465.

40 Blackman, *This Used to Be Chicago*, pp. 44–5.

41 "Postcards Offer Colorful Look at Historical Sites" *Argus-Leader* (Sioux Falls, SD), p. e3.

42 Quoted in Kurlansky, *Paper*, p. 98.

43 Janet Ing, "The Mainz Indulgences of 1454/5: A Review of Recent Scholarship," *British Library Journal*, IX/1 (1983), pp. 14–31.

45 Peter Stallybrass, " 'Little Jobs': Broadsides and the Printing Revolution," in *Agent of Change: Print Cultural*

Studies after Elizabeth L. Eisenstein, ed. Sabrina Alcorn Baron, Eric N. Lindquist, and Eleanor F. Shevlin (Cambridge, 2007), p. 316.

45 Ing, "The Mainz Indulgences of 1454/5."

46 Stallybrass, " 'Little Jobs,'" p. 318.

47 Lydia Pyne, "Mapping Non-European Visions of the World," www.hyperallergic.com, August 14, 2019.

48 Mitch Fraas, interview, August 1, 2019.

第三章　公關與宣傳——相機與真實照片明信片的力量

1 Roy Chapman Andrews, *Camps and Trails in China: A Narrative of Exploration, Adventure, and Sport in Little-known China*, 1st edn (Boston, MA, 1918), p. 75.

2 Kevin Coleman, *A Camera in the Garden of Eden: The Self-forging of a Banana Republic*, reprint edn (Austin, TX, 2016).

3 Garth Jowett and Victoria O'Donnell, *Propaganda and Persuasion*, 4th edn (Thousand Oaks, CA, 2006), p. 2.

4 Nicholas John Cull, David Holbrook Culbert, and David Welch, *Propaganda and Mass Persuasion: A Historical Encyclopedia, 1500 to the Present* (Santa Barbara, CA, 2003).

5 Ibid., p. xx.

6 "Real Photo Postcards: Collectors Weekly," www.collectorsweekly. com, accessed February 24, 2020.

7 "Kodaks Advertisements," *The Post-Star* (Glens Falls, New York), August 28, 1907, p. 8.

8 Paul J. Vanderwood and Frank Samponaro, *Border Fury: A Picture Postcard Record of Mexico's Revolution and U.S. War Preparedness, 1910–1917*, 1st edn (Albuquerque, NM, 1988), p. 3.

9 Rosamond B. Vaule, *As We Were: American Photographic Postcards, 1905–1930* (Boston, MA, 2004), p. 53.

10 Ibid., p. 189.

11 Ibid., p. 53.

12 "Kodak Finishing," *Evening Times-Republican* (Marshalltown, IA), May 20, 1913, p. 7; "Big Bear Studios Postcards, Views, Photo Postcards," *Los Angeles Evening Express,* 6 August 1919, p. 13;. "Furman's Studio Store: For Photographs, Enlarging, Kodak Finishing, etc.," *Norcatur Dispatch* (Norcatur, KS), 14 October 1920, p. 4.

13 Vaule, *As We Were*, p. 54.

14 "Kodaks Advertisements," p. 8.

15 Vaule, *As We Were*, p. 179.

16 "The Unfortunate Divorce of the Man Who Discovered Dinosaur Eggs," *Santa Fe New Mexican*, July 29, 1931; Lydia Pyne, "Yvette Borup Andrews: Photographing Central Asia," www.publicdomainreview.org, January 10, 2018.

17 Vaule, *As We Were*, p. 54.

18 Vanderwood and Samponaro, *Border Fury*, p. 6.

19 Vaule, *As We Were*, pp. 56–7.

20 Ibid., pp. 58–9.

21 Vanderwood and Samponaro, *Border Fury*, p. 13.

22 "Instagram by the Numbers (2020): Stats, Demographics and Fun Facts," January 26, 2020, www.omnicoreagency.com.

23 Vanderwood and Samponaro, *Border Fury*.

24 Ibid., p. 60.

25 Kenneth Florey, *Women's Suffrage Memorabilia: An Illustrated Historical Study* (Jefferson, NC, 2013); "Suffrage Campaign Propaganda. Work of Kardos, Boske," www.digitalcollections,nypl.org, accessed October 27, 2020; Kenneth Florey, *American Woman Suffrage Postcards: A Study and Catalog* (Jefferson, NC, 2015).

26 Vanderwood and Samponaro, *Border Fury*, p. 5.

27 Kenneth Florey, *Women's Suffrage Memorabilia*, p. 9.

28 Florey, *American Woman Suffrage Postcards*.

29 Ibid., p. 109.

30 Florey, *Women's Suffrage Memorabilia*, pp. 140–41.

31 Georgina Tomlinson, "The Suffrage Movement," www.postalmuseum.org, February 6, 2018.

32 Catherine H. Palczewski, "The Male Madonna and the Feminine Uncle Sam: Visual Argument, Icons, and

Ideographs in 1909 Anti-woman Suffrage Postcards," *Quarterly Journal of Speech*, XCI/4 (November 1, 2005), pp. 365–94.

33 Vaule, *As We Were*, p. 19.

第四章　我玩得很開心，真希望你也在——明信片在促進觀光中扮演的角色

1 Celia K. Corkery and Adrian J. Bailey, "Lobster Is Big in Boston: Postcards, Place Commodification, and Tourism," *GeoJournal*, XXXIV/4 (1994), pp. 491–8.

2 Rudy Koshar, " 'What Ought to Be Seen': Tourists' Guidebooks and National Identities in Modern Germany and Europe," *Journal of Contemporary History*, XXXIII/3 (1998), pp. 323–40, p. 339.

3 Corkery and Bailey, "Lobster Is Big in Boston," p. 491.

4 Jean-Christophe Foltête and Jean-Baptiste Litot, "Scenic Postcards as Objects for Spatial Analysis of Tourist Regions," *Tourism Management*, 49 (August 2015), pp. 17–28, p. 18.

5 A. Leo Oppenheim, *Letters from Mesopotamia: Official, Business, and Private Letters on Clay Tablets from Two Millennia* (Chicago, IL, 1976), p. 74.

6 Lionel Casson, *Travel in the Ancient World* (Baltimore, MD, 1994), p. 23.

7 Jason Farman, *Delayed Response: The Art of Waiting from the Ancient to the Instant World* (New Haven, CT, 2018).

8 Christopher Deakes, *A Postcard History of the Passenger Liner* (Mystic, CT, 1970), p. 14.

9 Ibid., p. 19.

10 Paul J. Vanderwood and Frank Samponaro, *Border Fury: A Picture Postcard Record of Mexico's Revolution and U.S. War Preparedness, 1910–1917*, 1st edn (Albuquerque, NM, 1988).

11 Deakes, *A Postcard History of the Passenger Liner*, p. 17.

12 "How Do I Mail a Postcard While on a Cruise to the Bahamas?," www.traveltips.usatoday.com, accessed February 24, 2020.

13 Allison C. Marsh, "Greetings from the Factory Floor: Industrial Tourism and the Picture Postcard," *Curator: The Museum Journal*, LI/4 (2008), pp. 377–91, p. 377.

14 Koshar, " 'What Ought to Be Seen,'" p. 323.

15 Kathleen Sheppard, interview, July 19, 2019.

16 Eric Zuelow, *A History of Modern Tourism*, 1st edn (London, 2015), p. 79.

17 Sonja Pyne, *Leon and the Colonel: Leon Noel Stuart, Joseph A. Robertson and Their Quest for Citrus and a Railroad* (Glendale, CA, 2013).

18 Melody Schreiber, "The Surprising History Of Old-timey Swahili Postcards," www.npr.org, June 10, 2018.

19 Ibid.

20 Mahima A. Jain, "Racism and Stereotypes in Colonial India's 'Instagram,'" www.bbc.com, September 30, 2018; "From Madras to Bangalore: Picture Postcards as Urban History of Colonial India: Brunei Gallery Exhibition: SOAS University of London," www.soas.ac.uk, accessed September 30, 2018.

21 Mahima A. Jain, "Racism and Stereotypes in Colonial India's 'Instagram,'" www.bbc.com, September 30, 2018; "From Madras to Bangalore: Picture Postcards as Urban History of Colonial India: Brunei Gallery Exhibition: SOAS University of London," www.soas.ac.uk, accessed September 30, 2018.

22 Nicola Williams, *Lonely Planet France* (Melbourne, 2019), p. 587.

23 Lydia Pyne, "Resetting the Clock," www.historytoday.com, February 2, 2020.

24 Charles Simic, "The Lost Art of Postcard Writing," www.theguardian.com, August 4, 2011.

25 "Mali Travel Advisory," www.travel.state.gov, accessed February 24, 2020.

26 Clair MacDougall, "Why It's Easy—and Hard—to Get a Postcard All the Way from Timbuktu," www.npr.org, September 22, 2018.

27 "Postcards from Timbuktu," www.postcardsfromtimbuktu.com, accessed September 22, 2020.

28 "Postcards from Timbuktu on Instagram: 'A New Batch of Postcards Has Just Arrived from #Timbuktu. Now the Second Part of Their Journey Begins. They've Already Been on 3 Different . . .,'" www.instagram.com, accessed February 24, 2020.

第五章　從已不復存在的國家寄來的明信片——見證國之興衰的有形物品

1 Les Harding, *Dead Countries of the Nineteenth and the Twentieth Centuries: Aden to Zululand* (Lanham, MD, 1998), p. vii.

2 Nick Middleton, *An Atlas of Countries That Don't Exist: A Compendium of Fifty Unrecognized and Largely Unnoticed States* (New York, 2001), p. 12.

3 Benedict Anderson, *Imagined Communities: Reflections on the Origin and Spread of Nationalism*, revd edn (London, 2016), p. 67.

4 Bjørn Berge, *Nowherelands: An Atlas of Vanished Countries, 1840–1975* (London, 2017), p. 8.

5 Alison Rowley, *Open Letters: Russian Popular Culture and the Picture Postcard, 1880–1922* (Toronto, 2013), p. 4.

6 Ibid.

7 Ibid.; Tobie Mathew, *Greetings from the Barricades: Revolutionary Postcards in Imperial Russia* (London, 2019).

8 Verlag Karl Baedeker, *Russia with Teheran, Port Arthur, and Peking* (Leipzig, 1914), p. 454.

9 Mathew, *Greetings from the Barricades*, p. 23.

10 Ibid., p. 48

11 Ibid., p. 45.

12 Alison Rowley, interview, February 3, 2020.

13 Tobie Mathew, "Postcards and the Russian Revolution," www.historytoday.com, February 2, 2019.

14 Mathew, *Greetings from the Barricades*, p. 24.

15 Mathew, "Postcards and the Russian Revolution."

16 Nicholas V. Riasanovsky, *A History of Russia*, 5th edn (New York, 1993), pp. 406–7.

17 Mathew, "Postcards and the Russian Revolution."

18 Rowley, *Open Letters*, p. 201.

19 Ibid., p. 238.

20 Riasanovsky, *A History of Russia*, p. 225.

21 Rowley, *Open Letters*, p. 11.

22 "A Russian Post-card," *Middletown Transcript* (Middleton, Delaware), June 30, 1917, p. 8.

23 Rowley, *Open Letters*, p. 7.

24 Mathew, *Greetings from the Barricades*.

25 Jessica Cline, interview, October 31, 2019.

26 Ibid.

27 Jay Vissers, interview, October 31, 2019.

28 "Holiday Postcards: NYPL Digital Collections," www.digitalcollections.nypl.org, accessed February 24, 2020.

29 Vissers, interview.

30 Cline, interview.

31 Samuel M. Blekhman, *The Postal History and Stamps of Tuva*, ed. J. Eric Slone, trans. Ron Hogg (Woodbridge, VA, 1997), p. 5.

32 Middleton, *An Atlas of Countries That Don't Exist*, p. 17.

33 Cline, interview.

34 Anja Mutic, " 'I'm from a Country That No Longer Exists,'" www.bbc.com, April 26, 2016.

35 Vissers, interview.

結論　明信片的來世

1 "Six Postcards from Famous Writers: Hemingway, Kafka, Kerouac & More," *Open Culture* (blog), March 7, 2013.

2 Sheila Liming, email interview, June 10, 2019.

3 "Post Card Albums!" *Huntington Herald* (Huntington, IN), August 21, 1909, p. 2.

4 Frank Staff, *The Picture Postcard and Its Origins*, 1st edn (London, 1966); Martin Willoughby, *A History of Postcards: A Pictorial Record from the Turn of the Century to the Present Day* (London, 1994).

5 Jeremy Cooper, *Artists' Postcards: A Compendium*, reprint edn (London, 2015).

6 Erin Thompson, *Possession: The Curious History of Private Collectors from Antiquity to the Present* (New Haven, CT, 2016), p. 1.

7 Kenneth Florey, *American Woman Suffrage Postcards: A Study and Catalog* (Jefferson, NC, 2015), p. 5.

8 "Oldest Postcard Sells for ￡31,750," www.bbc.com, March 8, 2002.

9 Carolyn Kellogg, "Newly Discovered Jack Kerouac Letters to Be Auctioned," www.latimes.com, September 15, 2014.

10 "Jack the Ripper Postcard Sold for £22,000 at Auction," www.bbc.com, April 30, 2018.

11 "300 Rare Artists' Postcards Go on Show at the British Museum," www.artdaily.com, accessed August 28, 2019.

12 Thompson, *Possession*, p. 1.

13 Brian Lund, *Picture Postcard Monthly*, phone interview, April 27, 2020.

14 "Postcards to Voters," www.postcardstovoters.org, accessed April 21, 2020.

15 Suzanne Bloom and Ed Hill, phone interview, April 16, 2020.

16 "Zoe Leonard: Survey," www.whitney.org, accessed March 9, 2018; Zoe Leonard, *Zoe Leonard: You see I am here after all* (New York, 2011).

參考書目

Anderson, Benedict, *Imagined Communities: Reflections on the Origin and Spread of Nationalism*, revd edn (London, 2016)

Andrews, Roy Chapman, *Camps and Trails in China: A Narrative of Exploration, Adventure, and Sport in Little-known China*, 1st edn (Boston, 1918)

Bassett, Fred, "Wish You Were Here! The Story of the Golden Age of Picture Postcards in the United States," www.nysl.nysed.gov, accessed August 16, 2016

Benjamin, Walter, *The Work of Art in the Age of Mechanical Reproduction* (London, 2008)

Berge, Bjørn, *Nowherelands: An Atlas of Vanished Countries, 1840–1975* (London, 2017)

Bishop, Ted, *The Social Life of Ink: Culture Wonder and Our Relationship with the Written Word* (Toronto, 2014)

Blackman, Joni Hirsch, *This Used to Be Chicago* (St. Louis, MO, 2017)

Blekhman, Samuel M., *The Postal History and Stamps of Tuva*, ed. J. Eric Slone, trans. Ron Hogg (Woodbridge, VA, 1997)

Bloy, Colin H., *A History of Printing Ink, Balls and Rollers, 1440–1850* (London, 1991)

Browne, Christopher, *Getting the Message: The Story of the British Post Office* (Stroud, 1993)

Carder, James N., "Curt Teich Co. Curteich-Chicago / C. T. American Art / C. T. Art-Colortone," www.doaks.org, accessed February 24, 2020

Casson, Lionel, *Travel in the Ancient World* (Baltimore, MD, 1994)

Coleman, Kevin, *A Camera in the Garden of Eden: The Self-forging of a Banana Republic*, reprint edn (Austin, TX, 2016)

Cooper, Jeremy, *Artists' Postcards: A Compendium*, reprint edn (London, 2015)

Corkery, Celia K., and Adrian J. Bailey, "Lobster Is Big in Boston: Postcards, Place Commodification, and Tourism," *GeoJournal*, XXXIV/4 (1994), pp. 491–8

Croft, Jennifer, "Notes on Postcards," www.lareviewofbooks.org, accessed October 11, 2020

Cull, Nicholas John, David Holbrook Culbert, and David Welch, *Propaganda and Mass Persuasion: A Historical Encyclopedia, 1500 to the Present* (Santa Barbara, CA, 2003)

Deakes, Christopher, *A Postcard History of the Passenger Liner* (Mystic, CT, 1970)

Farman, Jason, *Delayed Response: The Art of Waiting from the Ancient to the Instant World* (New Haven, CT, 2018)

Florey, Kenneth, *American Woman Suffrage Postcards: A Study and Catalog* (Jefferson, NC, 2015)

——, *Women's Suffrage Memorabilia: An Illustrated Historical Study* (Jefferson, NC, 2013)

Foltête, Jean-Christophe, and Jean-Baptiste Litot, "Scenic Postcards as Objects for Spatial Analysis of Tourist Regions," *Tourism Management*, 49 (August 2015), pp. 17–28

Fumerton, Patricia, Anita Guerrini, and Kris McAbee, eds, *Ballads and Broadsides in Britain, 1500–1800*, 1st edn (Farnham, 2016)

Gifford, Daniel, *American Holiday Postcards, 1905–1915: Imagery and Context* (Jefferson, NC, 2013)

——, "Golden Age of Postcards," www.saturdayeveningpost.com, December 12, 2016

——, "Rural Americans, Postcards, and the Fiscal Transformation of the Post Office Department, 1909–1911," in *The Winton M. Blount Postal History Symposia: Selected Papers, 2010–2011* (Washington, DC, 2012)

Gropp, Gerd, "The Development of a Near Eastern Culture during the Persian Empire," in *Mehregan in Sydney: Proceedings of the Seminar in Persian Studies During the Mehregan Persian Cultural Festival, Sydney, Australia 28 October–6 November 1994* (Sydney, 1998)

Harding, Les, *Dead Countries of the Nineteenth and the Twentieth Centuries: Aden to Zululand* (Lanham, 1998)

"Holiday Postcards—NYPL Digital Collections," www.digitalcollections.nypl.org, accessed February 24, 2020

Ing, Janet, "The Mainz Indulgences of 1454/5: A Review of Recent Scholarship," *British Library Journal*, IX/1 (1983), pp. 14–31

Jain, Mahima A., "Racism and Stereotypes in Colonial India's 'Instagram,'" www.bbc.com, September 30, 2018

Jowett, Garth, and Victoria O'Donnell, *Propaganda and Persuasion*, 4th edn (Thousand Oaks, CA, 2006)

Kernell, Samuel, and Michael P. McDonald, "Congress and America's Political Development: The Transformation of the Post Office from Patronage to Service," *American Journal of Political Science*, XLIII/3 (1999), pp. 792–811

Koshar, Rudy, " 'What Ought to Be Seen': Tourists' Guidebooks and National Identities in Modern Germany and Europe," *Journal of Contemporary History*, XXXIII/3 (1998), pp. 323–40

Kurlansky, Mark, *Paper: Paging through History*, 1st edn (New York, 2017)

Leonard, Devin, *Neither Snow nor Rain: A History of the United States Postal Service*, reprint edn (New York, 2017)

Lyons, Martyn, *Ordinary Writings, Personal Narratives: Writing Practices in 19th and Early 20th-century Europe* (Oxford, 2007)

Marks, Ben, "How Linen Postcards Transformed the Depression Era into a Hyperreal Dreamland," www.collectorsweekly.com, accessed January 29, 2016

Marsh, Allison C., "Greetings from the Factory Floor: Industrial Tourism and the Picture Postcard," *Curator: The Museum Journal*, LI/4 (2008), pp. 377–91

Mathew, Tobie, *Greetings from the Barricades: Revolutionary Postcards in Imperial Russia* (London, 2019)

——, "Postcards and the Russian Revolution," www.historytoday.com, February 2, 2019

Mathews, R. H., "Message-sticks Used by the Aborigines of Australia," *American Anthropologist*, X/9 (1897), pp. 288–98

Meikle, Jeffrey L., *Postcard America: Curt Teich and the Imaging of a Nation, 1931–1950* (Austin, TX, 2016)

Middleton, Nick, *An Atlas of Countries That Don't Exist: A Compendium of Fifty Unrecognized and Largely Unnoticed States* (New York, 2001)

Milne, Esther, *Letters, Postcards, Email: Technologies of Presence* (New York, 2010)

Olalquiaga, Celeste, *The Artificial Kingdom: A Treasury of the Kitsch Experience*, 1st edn (New York, 1998)

Oppenheim, A. Leo, *Letters from Mesopotamia: Official, Business, and Private Letters on Clay Tablets from Two Millennia* (Chicago, IL, 1976)

Palczewski, Catherine H., "The Male Madonna and the Feminine Uncle Sam: Visual Argument, Icons, and Ideographs in 1909 Anti-woman Suffrage Postcards," *Quarterly Journal of Speech*, XLI/4 (November 1, 2005), pp. 365–94

Parr, Martin, *Boring Postcards* (London, 2004)

Pyne, Lydia, "Five Centuries of Play Between Word and Image," www.hyperallergic.com, October 10, 2018

——, "A History of Ink in Six Objects," www.historytoday.com, May 16, 2018

——, "Mapping Non-European Visions of the World," www.hyperallergic.com, August 14, 2019

——, "Resetting the Clock" www.historytoday.com, February 2, 2020

——, "Yvette Borup Andrews: Photographing Central Asia," www.publicdomainreview.org, January 10, 2018

Pyne, Sonja, *Leon and the Colonel: Leon Noel Stuart, Joseph A. Robertson and Their Quest for Citrus and a Railroad* (Glendale, AZ, 2013)

"Real Photo Postcards," www.collectorsweekly.com, accessed February 24, 2020

Riasanovsky, Nicholas V., *A History of Russia*, 5th edn (New York, 1993)

Rowley, Alison, *Open Letters: Russian Popular Culture and the Picture Postcard, 1880–1922*, 1st edn (Toronto, 2013)

Sanders, Phil, *Prints and Their Makers* (Princeton, NJ, 2020)

Simic, Charles, "The Lost Art of Postcard Writing," www.theguardian.com, August 4, 2011

Simpson, Mark, "Postcard Culture in America," in *The Oxford History of Popular Print Culture* (Oxford, 2011), pp. 169–89

Smithsonian Institution Archives, "Postcard History," https://siarchives.si.edu, September 19, 2013

Spufford, Margaret, *Small Books and Pleasant Histories: Popular Fiction and Its Readership in Seventeenth-century England* (London, 1981)

Staff, Frank, The *Picture Postcard and Its Origins*, 1st edn (London, 1966)

Stallybrass, Peter, " 'Little Jobs': Broadsides and the Printing Revolution," in *Agent of Change: Print Cultural Studies after Elizabeth L. Eisenstein*, ed. Sabrina Alcorn Baron, Eric N. Lindquist, Eleanor F. Shevlin (Cambridge, 2007)

Thompson, Erin, *Possession: The Curious History of Private Collectors from Antiquity to the Present*, 1st edn (New Haven, CT, 2016)

Todd, Michael, "A Short History of Home Mail Delivery," www.psmag.com, February 6, 2013

Tolentino, Jia, "The Age of Instagram Face," www.newyorker.com, accessed February 24, 2020

Vanderwood, Paul J., and Frank Samponaro, *Border Fury: A Picture Postcard Record of Mexico's Revolution and U.S. War Preparedness, 1910–1917*, 1st edn (Albuquerque, NM, 1988)

Vaule, Rosamond B., *As We Were: American Photographic Postcards, 1905–1930* (Boston, MA, 2004)

Watt, Tessa, *Cheap Print and Popular Piety, 1550–1640* (Cambridge, 1999)

Willoughby, Martin, *A History of Postcards: A Pictorial Record from the Turn of the Century to the Present Day* (London, 1994)

Wood, Kenneth A., *Post Dates: A Chronology of Intriguing Events in the Mails and Philately* (Albany, NY, 1985)

Zuelow, Eric, *A History of Modern Tourism*, 1st edn (London, 2015)

國家圖書館出版品預行編目(CIP)資料

明信片串起的交流史：世界上第一個社群網絡的誕生與發展 / 莉迪婭.派恩(Lydia Pyne)著；羅亞琪譯. -- 初版. -- 新北市：臺灣商務印書館股份有限公司, 2022.11
272面；14.8×21公分. -- (歷史.世界史)
譯自：Postcards : the rise and fall of the world's first social network
ISBN978-957-05-3455-9(平裝)

1.CST：明信片

557.644　　111016439

歷史・世界史

明信片串起的交流史

世界上第一個社群網絡的誕生與發展

Postcards: The Rise and Fall of the World's First Social Network

作　　者 — 莉迪婭・派恩（Lydia Pyne）
譯　　者 — 羅亞琪
發 行 人 — 王春申
選書顧問 — 林桶法、陳建守
總 編 輯 — 張曉蕊
責任編輯 — 何宜儀
封面設計 — 謝佳穎
內頁設計 — 林曉涵
營 業 部 — 王建棠 張家舜 謝宜華
出版發行 — 臺灣商務印書館股份有限公司
23141 新北市新店區民權路 108-3 號 5 樓（同門市地址）
電話：(02)8667-3712
傳真：(02)8667-3709
讀者服務專線：0800056193
郵撥：0000165-1
E-mail：ecptw@cptw.com.tw
網路書店網址：www.cptw.com.tw
Facebook：facebook.com.tw/ecptw

局版北市業字第 993 號
初　　版：2022 年 11 月
印 刷 廠：鴻霖印刷傳媒股份有限公司
定　　價：新台幣 500 元

法律顧問 — 何一芃律師事務所